AF145960

Sylvia Schopf

# Wir entdecken fantastische Welten

**Spielgeschichten
für Kindergarten und Vorschule**

Edition Gegenwind

*Bibliografische Information der Deutschen National-bibliothek: Die Deutsche Nationalbibliothek verzeich-net diese Publikation in der Deutschen Nationalbib-liografie; detaillierte bibliografische Daten sind im Internet über http://dnb.dnb.de abrufbar.*

1. Auflage, Matthias Grünewald Verlag, Mainz
überarbeitete Neuauflage **Edition Gegenwind 2015**

Covergestaltung: Christine Wigge-Eberhardt
Titelfoto: ©yanlev/123RF_Stockfoto
Illustrationen und Fotos: Sylvia Schopf
verschiedene Kinderzeichnungen

*Herstellung und Verlag:*
*BoD – Books on Demand, Norderstedt*
*ISBN: 978-3-7386-1095-6*

# INHALT

# Einleitung: Fantasie im Spiel

Für jüngere Kinder sind die Dinge ihrer Umgebung noch allumfassend belebt. Sie schimpfen mit dem Schuh, der nicht passen will, und schlagen die Tür, gegen die sie gerannt sind. Sie machen noch nicht die strikte Unterscheidung zwischen wirklich und vorgestellt, so dass für sie problemlos im Spiel aus einem Tisch ein Palast wird und ein Baustein zu einem hochmodernen Telefon oder einem Stück Kuchen. Die Ritzen zwischen den Pflastersteinen werden zu Grenzen, die man nicht berühren darf oder man wird verzaubert. In ihrer Vorstellung kann unter dem Pflaster noch der Strand liegen, wo wunderbare und spannende Abenteuer auf sie warten.

In ihrer Fantasiewelt können Kinder endlich mal groß und mächtig sein. Sie haben das Sagen und sind König und Herrscher. Träume und Wünsche, Erlebtes und Gesehenes fließen ein in die Fantasie, die es so dringend braucht, damit sich auch Kreativität und produktives Denken entwickeln können. Das wiederum ist wichtig für eine positive Auseinandersetzung mit dem eigenen Existieren.

Wie alle schöpferischen Fähigkeiten, so benötigt auch Fantasie sowohl Zeit als auch Raum, um sich zu entwickeln und Anregungen, aus denen sie sich speist. Hier ist der Erwachsene gefragt (und gefordert). Er ist es, der zum einen diese Zeiten und Räume schafft und zum anderen die Traum- und Fantasiewelten (die eigenen wie die der Kinder) ernst nimmt. In gemeinsamen Gesprächen, Aktionen und Erlebnissen können Ideen, Wünsche und Träume fabuliert und erzählt werden, so dass eigene Vorstellungen und Bilder entwickelt und ausgelebt werden können - trotz und gerade wegen der Überfülle an vorgefertigten Bildern aus der Medienwelt.

Besonders solche Spiele, die Denk-, Aktions- und Fabulierräume lassen, geben Kindern die Möglichkeit, ihre (besonderen) Fähigkeiten einzubringen und ihre Fantasie auszubilden, so dass plötzlich das zurückhaltende Kind "auftaut" und sich gar als ideenreicher Mitspieler zeigt. Oder dem Außenseiterkind können spielerisch Möglichkeiten geboten werden, um - im wahrsten Sinne des Wortes - ins Spiel einzusteigen und letztendlich auch in die Gruppe.

Dort, wo Fantasie zugelassen und gefördert wird, kann sich das kindliche Selbstvertrauen entwickeln bzw. gestärkt werden. Eine Basis wird geschaffen für stabile Selbstwertgefühle sowie die Fähigkeit, sich mit der Umwelt kritisch auseinanderzusetzen. Und das - so heißt es von Seiten der Suchtprävention - macht Kinder seelisch widerstandsfähiger gegen eine spätere Suchtgefahr, eine Problematik, die zunehmend auch in die Bereiche von Schule und Kindergarten hineinreicht.

# Spielgeschichten anleiten

Ein wichtiger und möglicher Ort für das Entstehen und Fördern von Fantasie ist das von der Erzieherin oder Lehrerin angeleitete Spiel. Es setzt sich mit seinen einfachen Handlungen und Geschichten deutlich vom Freispiel der Kinder ab. Im angeleiteten Spiel gibt es für die Spielgruppe deutliche Vereinbarungen und Absprachen. Das ist z.B.:

• die **Ausgangssituation**: Wir befinden uns in einem Flugzeug. Wir stehen vor einer verschlossenen Geheimtür usw.

• **der Ort oder die Orte des Geschehens**: Gibt es eine Art Bühne oder wird der gesamte Raum bespielt. Wenn ja: wo befinden sich die jeweiligen Örtlichkeiten?

• **die beteiligten Akteure** und deren Handlungsspielraum: Es gelten Absprachen/Spielregeln wie z.B.: Wer von einem Zauberer mit seinem magischen Stab berührt wird, verwandelt sich gemäß dessen Verzauberungsspruch. Das Flugzeug wird von einem Piloten gesteuert, der jeweils die Flugsituation (Kurven, Hoppeln usw.) anzeigt. Die Fluggäste reagieren darauf, ohne selbst Einfluss nehmen zu können.

- **besondere Bedingungen**: Wer diese Grenze (ein Seil) überschreitet, wird zu Stein und kann sich nicht mehr bewegen. Die Verfolgten können sich auf eine Insel (eine markierte Stelle im Raum) zurückziehen, sind dort vor Verfolgern sicher und können auch nicht gefangen genommen werden.

Diese **Abmachungen** stellen einen offenen und auch verbindlichen Spielrahmen für alle Beteiligten her. Erst so wird das gemeinsame Spielen in einer größeren Gruppe möglich.

Zu den Aufgaben der Spielleitung gehört es, den Kindern die Abmachungen und Spielbedingungen zu vermitteln und auf deren Einhaltung zu achten, damit das Spiel nicht aus dem Ruder bzw. Rahmen läuft und sich verselbstständigt, um schließlich zum Verdruss aller im Sande zu verlaufen.

*Offen für (neue) Ideen*

Wichtig ist - trotz aller Regelungen - auch offen zu sein, um auf Ideen und Vorschläge aus der Kindergruppe einzugehen und diese - wenn möglich - ins Spiel zu integrieren. Wie viel Offenheit man zulassen kann/darf/soll, ist eine Gratwanderung, die in jeder Situation neu entschieden werden muss und für die es keine festen Regelungen gibt.

*Wie geht's weiter?*

Hilfe für ein ins Stocken geratenes Spiel können neue Anregungen und Impulse sein, die den Spielfluss wieder in Gang bringen. Aber manchmal ist es auch einfach Zeit, das Spiel zu beenden, weil die Konzentration oder die Spiellust aufgebraucht sind oder ... Die Gründe können vielfältig sein, so dass man die jeweilige Spieldauer von der aktuellen Situation und Stimmung der Gruppe abhängig machen sollte.

Eine wichtige **äußere Voraussetzung** für das Spiel ist ein ausreichend großer Spiel- und Bewegungsraum, in dem es nicht all zu viel Ablenkendes gibt (dazu gehören Spielmaterial ebenso wie Geräusche).

Besondere **Materialien oder Spielvoraussetzungen** braucht es nicht. Mit Hilfe von Alltagsgegenständen wie Stühlen, Seilen, Holzreifen, Tüchern, Bällen, Kissen lassen sich Örtlichkeiten und Spielräume markieren bzw. gestalten. Oder diese Gegenstände werden fantasievoll genutzt: der Stuhlkreis wird zum Hexenkessel, aus Seilen oder Tüchern wird ein Kanu gelegt usw.

Dann also: Gute Fahrt ins Reich der Abenteuer und Entdeckungen, in (Traum- und Wunsch-) Welten, die wir auf den Flügeln der Fantasie erreichen!

# Auf Erkundungsfahrt

Ferne Welten entdecken, das Unbekannte erforschen, Abenteuer bestehen – das sind beliebte und immer wiederkehrende Spielthemen bei Kindern, in denen sich auch spiegelt, wie sie ihre (Um-)Welt erleben. Doch so spannend, anregend und interessant das Unbekannte, Neue und Fremde einerseits ist, so sehr kann es auch Angst machen. Das freie ebenso wie das angeleitete Spiel sind für das Kind Möglichkeiten, spielerisch den Umgang mit Neuem und Unbekanntem zu erproben und eigene Erlebnisse und (Reise-) Erfahrungen zu verarbeiten.

Der Erwachsene leitet mal als "Reiseführer/in", mal in der Rolle der „Stewardess" oder eines „Steuermanns! das Spiel und die Übungen an. Die Kinder sind die "Reisegesellschaft", die von der fachkundigen Leitung durch die verschiedenen Spieletappen begleitet und geführt werden. Also auf zur Spielreise, um spannende Abenteuer zu bestehen.

Zum Glück kann man eine Spielreise jederzeit unterbrechen und nach Bedarf wieder in den Alltag, die Spielgruppe des Kindergartens, zurückkehren - bis einen Reiselust und Abenteuerfieber erneut packen.

**Anlass und Auslöser** dafür können die bevorstehende oder gerade zu Ende gegangene Urlaubs- und Ferienzeit sein, aber auch eine Spielsituation aus dem Kindergartenalltag. Als Einstieg und Einstimmung kann man mit der Kindergruppe zum Beispiel einen Ausflug machen. Man besucht gemeinsam einen Bahnhof. Oder vielleicht gibt es in der Nähe einen Flughafen, auf dem man hautnah die verschiedenen Aspekte des Verreisens und Wegfahrens erleben kann: Ankunft und Abflug/Abfahrt, Abschiednehmen und Wiedersehen, Durchsagen, Schalter, Fahrkarten, Fahrpläne, Gepäcktransport (Kofferwagen), Rolltreppen, Geschäfte usw.

Mit einem **Sachbilderbuch** kann man den Ausflug vor- oder nachbereiten. Anhand der Bilder wird die Aufmerksamkeit auf charakteristische Merkmale oder Details der Örtlichkeit gelenkt und Erinnerungen an eigenes Erleben wachgerufen.

# Unterwegs: Fortbewegungsmittel

## Darstellungsspiel

*Anmerkung:* Erkennen typischer Merkmale für die verschiedenen Transportmittel und wie man sie im Spiel darstellen kann

*Material:* keines

### Ausgangssituation

Verreisen und Wegfahren heißt immer, dass man seinen Standort verlässt und sich an einen anderen Ort begibt.

Welche Möglichkeiten der Fortbewegung gibt es?

„Wir sind mal mit dem Auto zur Oma gefahren. Das ging ganz schnell. Aber als wir nach Italien gefahren sind, hat es ganz, ganz lange gedauert."

„Ich bin schon mal mit meinem Papa mit dem Fahrrad weggefahren. Das hat auch ganz lange gedauert."

„Wir fahren manchmal mit dem Zug in Urlaub."

„Ich bin schon mit dem Flugzeug verreist. Da waren wir ganz hoch oben im Himmel."

„Ich bin mal auf 'nen Berg raufgeklettert. Da haben wir alle ganz arg geschwitzt."

Im Gesprächskreis werden mit den Kindern die typischen Merkmale des jeweiligen Transportmittels besprochen.

*Wir probieren*

Wie können die verschiedenen Aktivitäten für das jeweilige Transportmittel dargestellt werden?

Beim **Wandern/Gehen** werden vor allem die Füße bewegt. Es geht steil bergan und das Gehen fällt schwer. Man kommt ins Schwitzen. Vielleicht hat man einen Stock, auf dem man sich stützt.

Beim **Fahrrad** hält man mit den Händen eine Lenkstange. Um andere zu warnen, gibt es eine Klingel (*Geräusche machen!*). Um vorwärts zu kommen, muss man mit den Beinen kräftig treten (Knie im Wechsel hochziehen).

Tandem

Bei einer Fahrt mit einem Riesentandem (für die gesamte Gruppe – siehe Abbildung) müssen alle gleichzeitig in die Pedalen treten. Koordination ist gefragt.

Das **Auto** hat einen Fahrer, der das Steuer übernimmt und den Motor anlässt (*Geräusche*). Die Fahrgäste steigen durch eine Tür ein und schnallen sich an. Bei Gefahr hupt der Fahrer und muss manchmal auch bremsen, so dass es quietscht. (*Geräusche*)

Der **Bus** oder die Straßenbahn wird von einem Fahrer gelenkt, der die Türen auf Knopfdruck öffnet und auch Fahrscheine verkauft.

Im **Zug** gibt es einen Schaffner, der mit einem Signal (z.B. einer Trillerpfeife) das Abfahrtszeichen gibt. Durchsagen kündigen die nächste Station an.

Der Pilot im **Flugzeug** ist über Funk mit dem Flughafen in Kontakt und erhält von dort Anweisungen.
Stewardessen kümmern sich um die Fluggäste, die
im Laufe des Fluges mit einem Imbiss oder Essen ver-
sorgt werden. Auch hier heißt es: „Bitte anschnallen!"

# Nah und fern

## Zuordnungsspiel

*Anmerkung:* die Weltkugel als eine abstrakte, zeichenhafte Umsetzung geographischer Verhältnisse kennen lernen; Entfernungen erleben, sicht- und fassbar machen

*Material:* eine Weltkugel (auch eine Landkarte oder ein Stadtplan), ein Stuhl

*Ausgangssituation*

Wohin soll die Reise überhaupt gehen? Die Kinder machen Vorschläge:

> „Ans Meer - in die Berge - zu meiner Oma - auf die Insel - zu einer Mühle - ganz weit weg, dorthin, wo noch niemand war."

Auch Orte und Länder werden benannt, in denen sie schon einmal in Urlaub waren. Aber wo in aller Welt befinden sich diese Örtlichkeiten, und wie weit weg von zu Hause sind sie? Wir schauen uns die Weltkugel an.

„Gell, das Blaue ist alles Wasser. Da kann man mit dem Flugzeug drüberfliegen!", weiß Lukas. „Aber wir sind auch schon mal mit dem Schiff drübergefahren", erwidert Anna und erzählt, wie sie mit ihren Eltern im letzten Urlaub auf einer Insel war.

„Und wo sind wir?", will Janis wissen.

Wir suchen Europa, Deutschland und dann unseren Wohnort. Ein Finger oder eine Stecknadel markiert den Wohnort als Ausgangspunkt unserer Reise.

Dann suchen wir jene Orte und Länder, die wir bisher bereist haben oder in denen Verwandte (Großeltern, Tanten, Onkels, Cousins), Freunde, Bekannte wohnen. Mit Schnur oder dicker Wolle messen wir die jeweiligen Entfernungen ab, so dass es für jede Verbindung einen entsprechend langen oder kurzen Faden gibt. Hält man diese nebeneinander, werden die unterschiedlichen Entfernungen für alle sichtbar.

*Wir probieren*

In einer Raumecke steht der „Heimatstuhl", auf dem ein Kind (oder die Spielleiterin) sitzt. Die anderen bekommen nun die Aufgabe, sich in Bezug zum „Heimatstuhl" zu platzieren, und zwar nimmt jeder einen beliebigen Platz ein. Zum Beispiel:

- so weit/so nah wie möglich

- so dass man auf den Stuhl herunterschaut/hinaufschaut. Was sieht man jetzt von der Person auf dem Stuhl?

- so dass man den Ausgangspunkt (den „Heimatstuhl") nicht mehr sieht

Wie werden die eigene Entfernung und die der anderen eingeschätzt? Also: Wer ist dem Heimatstuhl am nächsten bzw. am weitesten entfernt? Mit Hilfe eines Zollstockes oder Maßbandes lässt sich der genaue Abstand nachmessen.

*Variation*

Wenn man mit dem Flugzeug unterwegs ist, sieht die Welt unter uns ganz anders aus. Auch bei der Fahrt mit dem Auto oder Zug verändert sich die Wahrnehmung. Was sehen wir z.B., wenn wir einen möglichst vielgestaltigen Gegenstand (z.B. einen bemalten Bauklotz, ein Bilderbuch, ein Spielauto) aus verschiedenen Perspektiven betrachten?

- von oben
- aus der Hocke
- aus dem Liegen

- von unten
- von ganz nah
- aus großer Ferne?

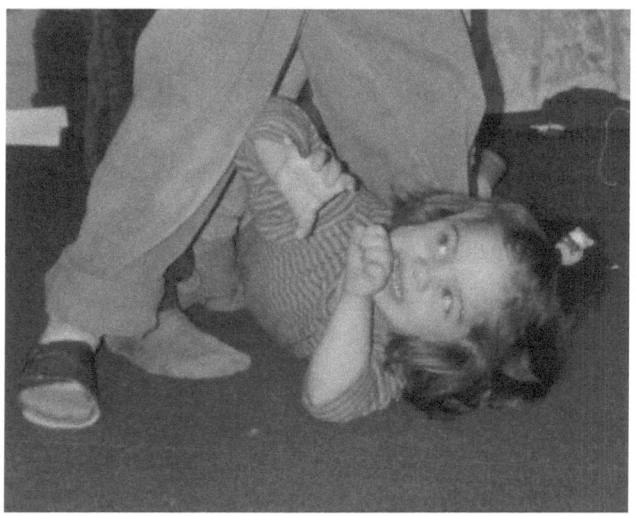

Was kann man aus der jeweiligen Perspektive noch oder nicht mehr erkennen?

# Reisefitness

## Einstiegsspiel

Körperübungen zur Koordination und Beweglichkeit:
alle machen das gleiche

*Anmerkung:* eignet sich auch als Zwischenspiel, um
z.B. überbordenden Bewegungsdrang abzubauen
und zu kanalisieren

*Material:* keines

---

*Ausgangssituation*

Wer sich auf eine (Abenteuer-)Reise begibt, sollte fit,
beweglich und auch standfest sein.

*Wir probieren*

Alle stehen im Kreis und
lassen verschiedene
**Körperteile kreisen**:
einen Arm/beide Arme,
die Hände, einen Finger,
den Kopf, die Augen, mal
den rechten, mal den
linken Fuß, das Knie, den
Bauch, den Po ...
(Richtung, Tempo und
Rhythmus variieren).
Zum Schluss: alle
Körperteile nacheinander gut ausschütteln.

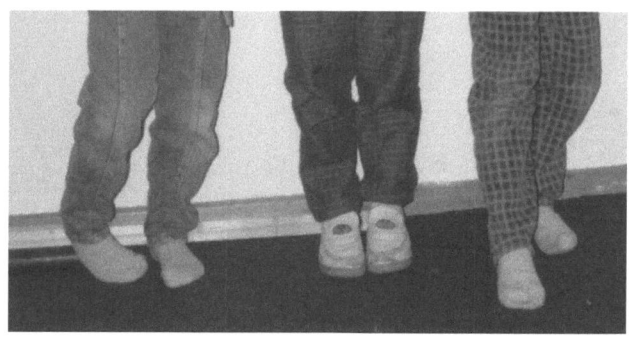

**Weiter geht es mit den Füßen**:

Wie lange kann man auf dem rechten/dem linken Bein stehen? Wer schafft es, auf einem Bein zu stehen und dabei die Augen zu schließen? Wir stehen auf beiden Beinen und die Füße sind ganz dicht nebeneinander. Im Gegensatz dazu: Wie weit können wir die Füße auseinanderstellen ohne zu fallen?

Wir bewegen uns kreuz und quer im Raum mal mit Riesenschritten, mal im Gänsefüßchenschritt (Fuß vor Fuß), schlurfen über den Boden, hüpfen nach Vogelart (mit geschlossenen Füßen) oder, wie ein Frosch, galoppieren wie ein Pferd, staksen wie ein Storch, marschieren stocksteif wie eine Holzfigur, schleichen auf leisen Sohlen wie eine Katze, hoppeln wie …

# Kofferpacken

## *Rate- und Darstellungsspiel - Gruppenspiel*

*Anmerkung:* geeignet für den Einstieg und um Wahrnehmung und genaues Beobachten zu fördern

*Material:* eine handliche Schaumgummi-Matratze oder ein großes Kissen (als Koffer)

*Ausgangssituation:*

Zu jedem Wegfahren gehört das Einpacken von Sachen, die man benötigt, und solchen, die man auch weit weg von zu Hause nicht vermissen möchte wie das Lieblingsspielzeug.

Eine handliche Schaumgummi-Matratze oder ein großes Kissen ist unser Koffer, den man durch das Drehen eines imaginären Verschlusses öffnet. Das Entriegeln wird von einem kurzen, einfachen Geräusch begleitet (z.B. „Klick"). Erst jetzt kann man so tun als ob man den gedachten Kofferdeckel anhebt. Und siehe da: In einer Ecke des Koffers entdeckt die Spielleiterin etwas, holt das Etwas heraus und beschreibt es im Folgenden der Spielgruppe. Zum Beispiel: Es ist weich, aus Stoff, hat ein Blümchenmuster, ist zusammengelegt etwa so groß (Größe mit den Händen umreißen) und man braucht es zum Beispiel, um --- Hatschi! ----

Die Spielleitung benutzt den gedachten Gegenstand und spielt „niesen", „Nase putzen", „Mund abwischen" oder „Schweiß von der Stirn tupfen".

Wer errät, um was es sich handelt?

Ganz klar: Ein Taschentuch. Und, in der anderen Kofferecke liegt ja noch eines. Wem gehört das denn? Sollte keines der Kinder den Spielimpuls aufgreifen, kann man ein Kind bitten, es herauszuholen. Damit alle in der Spielrunde das „Als-ob" am Beispiel des Taschentuches ausprobieren können, werden die Kinder gebeten, ein imaginäres Taschentuch aus ihrer Hose oder ihrem Rock herauszuholen und es zu benutzen.

Nach dem ersten Probedurchlauf mit dem Taschentuch kann das Kofferpacken beginnen. Was nehmen wir mit?

*Wir probieren*

In der Gruppe werden Vorschläge gesammelt.

"Taucherbrille, Flossen, Bilderbuch, Medizin, Sandschaufel, Zahnbürste, Waschlappen ..."

Die verschiedenen Gegenstände werden durch kurze Aktionen und/oder Beschreibungen dargestellt wie z.B. Zähneputzen, den Hut auf den Kopf setzen, in einen Apfel beißen, ein Kuscheltier im Arm wiegen.

Hilfreich für die Darstellung ist es zu wissen, ob „das Ding" groß oder winzig klein, schwer oder sperrig, hält man es mit beiden Händen (wie eine Schachtel/einen Ball usw.) oder umgreift man es mit den Händen (wie ein Glas/einen Apfel)? Jedes Kind bekommt die Aufgabe, sich eine Sache zum Mitnehmen auszudenken. Reihum wird jedes Ding dargestellt und muss von der Gruppe erraten werden. Ist das geschehen, packt das Darstellerkind „seine Sache" in den Spielkoffer und zwar in der zu Beginn vorgeführten Weise: Mit einer Drehbewegung und einem begleitenden Geräusch wird der Verschluss entriegelt und der Koffer geöffnet.

Sind am Ende der Spielrunde alle Gegenstände eingepackt, wird der Koffer zugeklappt. Oh je! Wenn wir Pech haben, ist er so voll, dass er nicht mehr zugeht. Vielleicht klappt es, wenn mehrere Kinder beim

Schließen helfen. Notfalls können wir auch einen Teil der Sachen in einem zweiten Spielkoffer verstauen.

Zum Schluss erhält jedes Kind noch ein eigenes Gepäckstück (für das Lieblingsspielzeug, persönliche Sachen, Reiseproviant oder eine Portion Wünsche).

Dabei stehen zur Auswahl:

* der Rucksack, den man auf den Rücken hievt

* die Reisetasche, die man umhängt

* der Koffer, den man in der Hand trägt.

Haben alle ihr Gepäckstück ergriffen/ geschultert/umgehängt geht's los!

Also, auf zum Bahnhof

     …. zur Straßenbahn
     …. zum Bus
     …. zum Flughafen
     …. oder zum Auto!

# Der Fahrkartenautomat
## Darstellungsspiel

*Anmerkung:* die Funktionsweise eines Gegenstandes spielerisch umsetzen

*Material:* keines

---

*Ausgangssituation*

Fahrscheine bekommt man entweder an einem Schalter oder an einem Automat. Die meisten Kinder kennen Fahrkartenautomaten und einige wissen auch etwas über ihre Funktionsweise.

„Da gibt's Knöpfe zum Drücken, und dann muss man Geld reinstecken. Dann rattert es und danach kommt unten ein Fahrschein raus."

Tastatur

Geld- und Fahrschein- klappe

*Wir probieren*

Ein Kind spielt den Fahrkartenautomaten: Die Finger der senkrecht aufgestellten Hand sind die Tastatur, auf der man das Fahrziel eintippt. Werden die Tasten betätigt, geben sie jeweils einen (anderen) Ton von sich. Der „Automat" sagt den Fahrpreis an, und man tut so, als würde man das gewünschte „Geld" einwerfen (z.B. in den geöffneten Mund oder in einen „Schlitz" unterhalb der „Tastatur"). Es rumort und rattert (das Geld wird „verdaut") und schließlich gibt der Automat einen Fahrschein aus: Ein Arm wird nach vorne gestreckt und die zur Faust geschlossene Hand öffnet sich.

*Variation*

Wie überall kann es auch mit einem Automat mal Probleme geben. Dann tönt es z.B.: „Störung! Stö-stö-störung!" Oder: Trotz Geldeinwurf gibt er keinen Fahrschein/Der Automat nimmt kein Geld an, seine Klappe bleibt einfach geschlossen. Vielleicht spielt das Gerät verrückt, weil man zu viele Tasten gedrückt hat, oder der Automat verlangt plötzlich „Futter" (seine Klappen klappern, die Tastatur krallt sich zusammen). Ob der herbeigerufene Reparierer Abhilfe schafft? Wenn nicht, gibt es nur noch eine Lösung: den Strom abschalten. Dann hat der Automat keine Energie mehr, erstarrt und rührt sich nicht mehr. Vielleicht gibt es irgendwo ein anderes, funktionierendes Gerät. Dort probieren wir das Ganze noch einmal.

*Bastelvorschlag*

Für das Spiel kann man Geld und Fahrscheine aus festem Papier/Pappe basteln und bemalen. Die Tastatur des Gerätes wird auf Papier oder Pappe aufgemalt, mit einem Faden versehen, so dass man es dem Spieler oder der Spielerin wie eine Kette um den Hals hängen kann.

# „Bitte alles einsteigen!"

## *Szenisches Spiel mit Gruppen- und Einzelaktionen*

*Anmerkung:* fördert und fordert das Zusammenspiel in und mit der Gruppe

*Material:* so viele Stühle wie mitspielende Personen

*Ausgangssituation*

Das Flugzeug besteht aus zwei Stuhlreihen mit einem Durchgang in der Mitte und einem einzelnen Stuhl an der Spitze. Das ist der Sitz des Flugkapitäns. Bevor das Einsteigen beginnt, wird festgelegt wer diese Rolle übernimmt. Manchmal braucht es auch einen einen Co-Piloten. Die Spielleitung übernimmt die Rolle der Stewardess/des Stewards.

*Spielverlauf*

Am Eingang des Flugzeuges steht die Stewardess, begrüßt die Fluggäste, kontrolliert die Fahrscheine und weist die Sitze an. Haben alle Platz genommen, gibt die Stewardess Hinweise für den Flug. Z.B.: „Bitte unterwegs nicht aussteigen!" - „Den Anordnungen des Flugpersonals ist Folge zu leisten" usw. Dann demonstriert sie den Fluggästen das Schließen des Sicherheitsgurtes: Man holt je rechts und links am Sitz die beiden Gurtteile hervor, die mit einem „Tschong" über dem Bauch ineinander geklickt werden. Dann sind die Fluggäste startbereit.

Der Kapitän holt sich über Funk die Starterlaubnis und lässt die Motoren an (ein entsprechendes Geräusch wird vom Kapitän oder allen Spielern gemacht).

Und los geht es!

Die Motoren heulen auf, immer stärker, und wenn die Maschine vom Boden abhebt, werden alle in die Sitze gedrückt (sich zurücklehnen). Wann das passiert, sieht man am entsprechenden Verhalten der Stewardess, die auch die folgenden Aktionen durch entsprechende Bewegungen und Töne anzeigt, die die Spielgruppe so gleichzeitig und so synchron wie möglich übernimmt.

Ist der Steigflug beendet, sitzen alle wieder gerade. Doch dann ruckelt und hoppelt es, mal stärker, mal schwächer. Aufgepasst! Gerät die Maschine in ein Luftloch, werden alle für einen kurzen Moment aus ihrem Sitz gehoben, bis sie - plumps - wieder auf ihm „landen".

In unregelmäßigen Abständen folgen weitere Luftlöcher. (Rhythmus und Tempo variieren!) Schließlich sind diese Turbulenzen vorbei.

Doch nun legt sich das Flugzeug in eine Kurve und alle beugen sich (möglichst gleichzeitig in die gleiche Richtung). Achtung, da kommt auch schon die nächste Kurve in die andere Richtung.

Plötzlich sinkt das Flugzeug, rüttelt alle und alles durcheinander. Möglicherweise fallen Passagiere, die sich nicht gut angeschnallt haben, von ihren Sitzen herunter. Aber schnell schafft es der Pilot, das Flugzeug wieder nach oben zu ziehen, und die Reisenden können wieder Platz nehmen.

Je nach Flugdauer gibt es immer wieder einmal Turbulenzen, Kurven, Luftlöcher und Rüttelaktionen. Kommt das Flugzeug in ruhigere Gefilde, können wir endlich mal einen Blick aus dem Bullauge des Flugzeuges werfen. Was wohl die einzelnen Reisenden sehen?

Irgendwann im Verlauf des Fluges gibt es einen kleinen Imbiss, den die Stewardess den Reisenden serviert, und die Fluggäste tun so, als würden sie „Suppe löffeln" - „Pizza essen" - „etwas trinken" ... Zum Schluss sammelt die Stewardess „das Geschirr" wieder ein.

Hoffentlich vertragen alle das Essen und die Flugreise. Sollte jemand reisekrank werden, hat die Stewardess bestimmt ein ‚Mittelchen' zur Hand. Bevor wir wieder auf dem Boden der Tatsachen landen, ist noch Zeit für ein kurzes Nickerchen, um sich etwas auszuruhen. Aber bitte nicht zu laut schnarchen, damit auch der Nachbar etwas dösen kann.

Nach einer kurzen Ruhepause, verkündet die Stewardess: „Dong-dong. Achtung, meine Damen und Herren, machen Sie sich bereit. Wir landen in wenigen Minuten." Die Stewardess bittet die Passagiere, ihre Sicherheitsgurte zu überprüfen oder zu schließen.

Dann beginnt der Landeanflug. Das Flugzeug hat jetzt Schräglage nach unten und alle Reisenden nehmen eine entsprechende Sitzhaltung ein, bis der Kapitän mit einem „Hau-Ruck" und lautem Bremsenquietschen das Landen hörbar macht. Geschafft! Aber Achtung: Vor dem Aussteigen bitte erst die Gurte lösen und nicht das Gepäck vergessen! Die Stewardess steht schon an der Ausgangstür des Flugzeuges, um alle Reisenden zu verabschieden. Ein frischer Wind weht den Aussteigenden entgegen. Man darf gespannt sein, wo das Flugzeug gelandet ist.

*Variation*

Entsprechend dem Flug kann man auch eine Fahrt mit Zug, Schiff oder Bus gestalten.

# Wind und Möwen

*Gruppen- und Koordinationsspiel für zwei Spielparteien*

*Anmerkung:* Koordination von Bewegung, Geräusch und Lautstärke

*Material:* keines

*Ausgangssituation*

Ob am Meer oder an einem Fluss, überall wo Wasser ist, kann man es beobachten: das Zusammenspiel von Wind und Möwen.

## Wir *probieren*

Ein Teil der Gruppe übernimmt (von der Spielleitung unterstützt oder angeleitet) die Rolle des Windes und tönt mit „f": mal laut, mal leise, mal lang gezogen, mal als heftige Sturmböe. Die anderen Spielkinder sind die Möwen, die je nach Windstärke (Lautstärke und Rhythmus) schnell oder langsam, mit raschem Flügelschlag oder im Gleitflug auf der Spielfläche „umherfliegen". Hört der Wind auf zu wehen, lassen sich auch die Möwen auf der Erde nieder und die Rollen werden gewechselt. Die Windmacher werden die Möwen, und die Möwen erproben sich als Windspieler.

## *Variation*

Statt des Windes macht ein Fangdrache (gespielt von einem Kind) Jagd auf die umherflatternden Möwen.

Wer vom Drachen berührt wird, hängt sich an ihn an, so dass sich allmählich eine Fangkette bildet. Für die Möwen gibt es als Zufluchtsort vor dem Fangdrachen ein Nest. Zum Beispiel eine Matte, ein Tisch, eine abgegrenzte Raumecke (vorher vereinbaren). Das Spiel ist zu Ende, wenn alle Möwen gefangen sind.

# Wasser, Wind und Wellen

### Requisitenspiel

*Anmerkung:* Handhabung und Bewegungsmöglichkeiten eines Materials (hier Stoff) erkunden

*Material:* ein großes, blaues Tuch (ca. 0,90 x 2 m oder quadratisch) aus leichtem Stoff

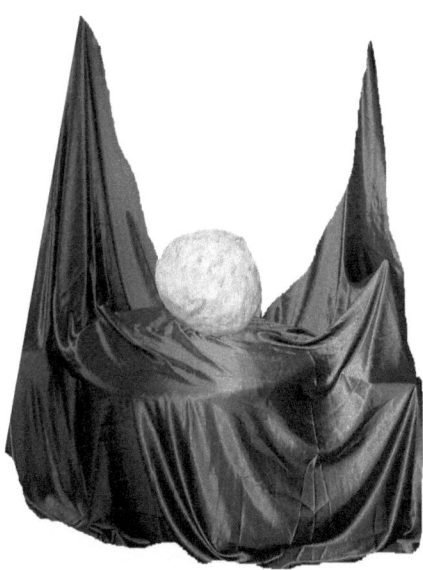

Wir *probieren*

Das Tuch ist der See oder ein Fluss. Die Kinder ergreifen in etwa gleichem Abstand den Rand des Tuches und setzen es in Bewegung: Mal kräuselt sich die Oberfläche nur leicht, dann entstehen große Wellen und das Wasser ist in Aufruhr. Wir lassen einen Ball auf den Wellen tanzen. Aufgepasst: Er darf nicht aus dem Wasser „herausfallen".

# Sich ohne Worte verständigen

## Darstellungsspiel

*Anmerkung:* die Hände als Ausdrucksmittel erkunden; Konzentration und genaue Beobachtung

*Material:* keines

*Ausgangssituation*

Wenn man die Sprache eines anderen Landes nicht kennt, bleibt immer noch die Verständigung mit Händen und Füßen.

Wir *probieren*

Was kann man mit den Händen alles zeigen?

Zum Beispiel: (zu-/ab-) winken - auf etwas oder jemanden zeigen - Komm her! - ich bin müde – ich habe Bauchweh - du spinnst wohl! - Wie bitte? Ich höre nichts - Pst! Leise! - sich die Augen zuhalten (aus Angst oder Schrecken) - die Faust zeigen - mit den Fingern Mengen anzeigen - mit den Händen bitten - sich die Tränen aus den Augen wischen ...

Reihum macht jedes Kind eine einfache und deutliche Handbewegung, die die anderen wie ein Spiegelbild so genau wie möglich wiederholen.

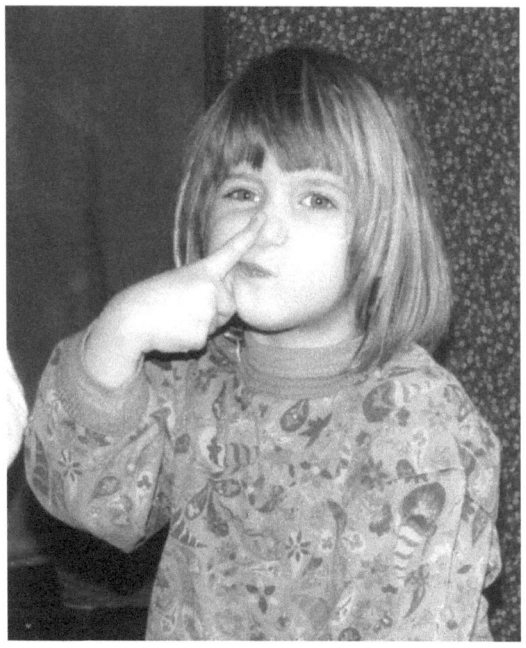

*Erweiterung*

In einer zweiten Runde wird die Handbewegung mit einem Ton kombiniert, und die Gruppe wiederholt die Verknüpfung von Ton und Geste. Wie wirkt es, wenn man die Bewegung mit einem möglichst unpassenden Ton verbindet?

*Variation*

Welche Gesten und Bewegungen gibt es noch, die ohne Worte etwas aussagen?

Mit dem Kopf nicken - den Kopf schütteln - mit dem Fuß aufstampfen - das Gesicht verziehen, weil einem etwas nicht schmeckt oder weil man etwas nicht versteht - sich nachdenklich am Kopf kratzen ...

# Eine abenteuerliche Flussfahrt

### Spielaktion mit Kooperationsspielen

*Anmerkung:* Geschicklichkeit und Zusammenspiel sind gefragt, denn alle sitzen in einem Boot!

*Material:* Tücher oder Seile zum Umgrenzen des Bootsumfanges, ein extra Seil für den schmalen Steg

*Ausgangssituation*

Wie wäre es mit einer gemeinsamen Flussfahrt? Vielleicht erreichen wir unser Reiseziel nur auf diesem Weg, nämlich per Boot. Es handelt sich dabei allerdings nicht um ein Motorboot, sondern um ein Ruderboot, bei dem alle mit vereinten Kräften den Kahn vorwärts bewegen.

*Wir probieren*

Alle sitzen im Boot hintereinander oder (bei einer großen Reisegruppe) in einer Doppelreihe. Der Steuermann (die Spielleiterin) erklärt der Gruppe das gemeinsame Rudern: Als erstes nimmt jeder ein (imaginäres) Ruder in die Hand, das dann im Wechsel mal rechts, mal links ins Wasser getaucht und nach hinten durchgezogen wird - und zwar so synchron wie möglich. Damit das auch funktioniert, gibt der Steuermann den Takt an (z.B. „Ha-hoi. Ha-hoi!").

Bei „Ha" taucht das Ruder links ein, erklingt „Hoi", wird es auf der anderen Seite eingetaucht. Zur Unterstützung zeigt der Steuermann die jeweilige Seite, indem er sich z.B. auf die rechte bzw. linke Schulter klopft. Anfangs ist es nicht ganz einfach, einen gemeinsamen, gleichmäßigen Rhythmus zu finden und zu halten. Aber mit etwas Übung gelingt das immer besser, und der Steuermann kann dann sogar das Tempo beschleunigen und variieren.

*Spielverlauf*

Die Flussfahrt nimmt mit kräftigen Ruderschlägen ihren Lauf. Das ein oder andere Hindernis muss umrudert werden. Manchmal schaukelt es heftig und die Ruderer kommen kräftig ins Schwitzen. Wenn aber der Steuermann das zuvor vereinbarte Gefahrensignal (z.B. ein Klatschen, ein Trillern) ertönen lässt, halten die Ruderer sofort inne, verstummen und verharren regungslos. Irgendwo ist eine Gefahr aufgetaucht: im Wasser, am Ufer, dort drüben in dem Gebüsch ... Ganz leise und vorsichtig holen wir unser (imaginäres) Fernglas heraus und visieren die Gefahrenstellen an.

Um was handelt es sich?

Die Kinder stellen Vermutungen an. Aber pst! Wir dürfen uns nur im Flüsterton unterhalten.

Ist die Gefahr verschwunden oder gemeistert, setzen wir unsere Fahrt fort bis zum nächsten Gefahrensignal. Ertönt es, erstarren die Ruderer wie zuvor und erfahren von der Reiseführung, was passiert ist.

Vielleicht ist es dieses Mal einfach nur Zeit für eine kleine Erfrischung: Eine imaginäre Wasserflasche wird durch die Reihen gereicht. Und weiter geht es.

Halt! Stopp! Ist da etwa einer über Bord gefallen? Dann werfen wir ihm ein Seil zu und ziehen ihn wieder ins Boot zurück. Aber Vorsicht: fallen mehrere aus dem Boot, besteht größte Gefahr zu kentern und die ganze Rudergesellschaft muss sich ans Ufer retten. Hoffentlich können alle schwimmen. Sonst sollte man Schwimmwesten austeilen.

Doch vielleicht haben wir Glück und erreichen unser Ziel auch ohne Kentern.

Aber oh je: Dort, wo wir an Land gehen wollen, ist alles sumpfig und matschig.

Wir müssen vom Boot zum Ufer einen Steg legen (ein schmales - zusammengelegtes - langes Tuch). Einer nach dem anderen verlässt das Boot und balanciert (bei Bedarf mit Hilfestellung der Spielleiterin) über „den Steg" an Land.

# Landgang und Landschaft

## *Fantasie- und Fabulierspiel*

*Anmerkung:* Vorstellungen entwickeln, sich ein Bild machen

*Material:* Papier und Stifte

---

*Ausgangssituation*

Nach größeren Abenteuern ist es manchmal nötig, eine kleine Verschnaufpause einzulegen. Diese kann man auch dazu nutzen, um Kundschafter auszuschicken, die die nähere Umgebung in Augenschein nehmen. So können wir uns später ein Bild (ggf. eine Karte) davon machen, wo wir uns befinden.

Sind die Kundschafter aus den verschiedenen Richtungen zurückgekehrt, berichten sie von ihren Beobachtungen.

- Was haben sie gesehen?
- Auf welche Hindernisse sind sie gestoßen?
- Gab es besondere Vorkommnisse (Gerüche, Geräusche)?
- Gibt es in der Umgebung verborgene Schätze, eine geheimnisvolle Höhle, einen Zauberbaum, gefährliche Räuber, einen verwunschenen Wald, ein rätselhaftes Haus, einen unheimlichen Berg? (Zur spielerischen Umsetzung siehe Kapitel 3 „Im Reich der Wünsche und Verwandlungen.")

*Wir probieren*

Unsere Beobachtungen in ein Bild umzusetzen und erstellen (malen) eine Karte der (Spiel-) Landschaft, entweder als Gruppenaktion oder jedes Kind fertigt, seine eigene Karte an.

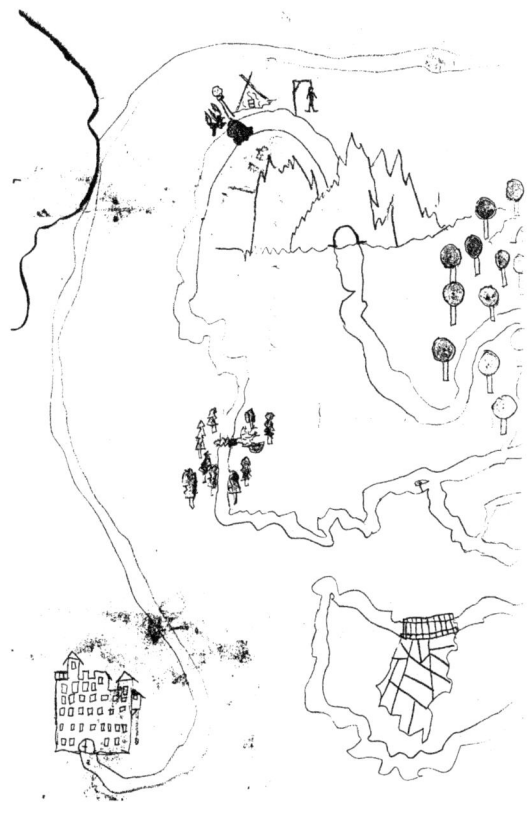

# Über Stock und Stein

## Gestaltungsspiel

*Anmerkung:* Vorstellungen entwickeln und diese spielerisch umsetzen; Ausprobieren verschiedener Gangarten

*Material:* keines

### Ausgangssituation

Wer sich in unbekanntes Gebiet vorwagt, muss sich auf allerlei gefasst machen. Wege sind nicht immer gradlinig, eindeutig oder gut begehbar. Die Spielleitung übernimmt die Führung durch das unwegsame Gelände und die Reisegruppe folgt.

### Spielverlauf

Der Weg schlängelt und windet sich in Kurven, im Zickzack, kreuz und quer und wird allmählich immer schmaler, so dass wir nur noch im Gänsemarsch hintereinander gehen können. Dann kommen wir an einem Abgrund vorbei, setzen Fuß vor Fuß und balancieren auf dem schmalen Weg. Mit einem kleinen Sprung über eine Felsspalte ist dieser Teil des Weges bewältigt, und der Pfad wird breiter. Doch nun erwartet uns Schlamm und Matsch, der unsere Füße beschwert. Wir werden immer langsamer, weil wir die Füße nur mit großer Anstrengung aus dem Schlamm herausziehen können (verlangsamte Bewegungen). Das ist anstrengend, und wir sind froh, als das Schlammgebiet zu Ende ist.

Da erwarten uns schon Pfützen, die wir mit mehreren großen Schritten oder springend überwinden.

Etwas schwieriger wird es bei einem Graben. Da müssen wir mit Anlauf zum Sprung ansetzen. Hoffentlich fällt keiner hinein.

Puh! Geschafft! Aber man kommt ganz schön ins Schwitzen. Wir fächeln uns etwas Luft zu.

Und was ist das?! Ganz in der Nähe sind unheimliche Geräusche zu hören. Achtung! Aufgepasst! Wir gehen vorsichtshalber in Deckung. Und erst allmählich wagen wir, langsam wieder größer zu werden. Und? Nichts zu sehen.

Schleichen wir erst mal auf leisen Sohlen weiter bis wir auf eine große Lichtung kommen. Welche Richtung sollen wir jetzt einschlagen? Wir probieren es zu einer Seite und müssen über umgefallene Bäume und große Steine steigen. Dann geht es nur noch gebückter Haltung weiter und schließlich stehen wir vor einem undurchdringlichen Gebüsch. Jetzt heißt es: umkehren.

Also zurück zur Lichtung. Wie war doch gleich die Reihenfolge? Gebückt - große Steine (wie viele?) - umgefallene Bäume überklettern (wie viele?).

Nach einer kleinen Verschnaufpause probieren wir einen anderen Weg aus. Was uns wohl dieses Mal erwartet?!

# Hindernislauf

## Geschicklichkeits- und Koordinationsspiel

*Anmerkung:* fördert das Gespür für den eigenen Körper, seine Möglichkeiten und Grenzen

*Material:* Stühle, (Hula-Hoop-) Reifen, (Spring-) Seile

*Ausgangssituation*

Aus den Materialien wird ein Hindernisparcour mit verschiedenen und unterschiedlich schwierigen Aufgaben aufgebaut.

*Spielverlauf*

**Stuhlaktionen***:* Unter einer Reihe von hintereinander aufgestellten Stühlen müssen die Spieler hindurch kriechen. Wer schafft es ohne anzustoßen?

**Weitere Aufgaben:**

- sich auf einem (kleinen) Stuhl stellen und einmal um die eigene Achse drehen
- rückwärts auf einen Stuhl steigen
- von einem Stuhl herunter springen und dabei ein Hindernis (eine Matratze, ein Kissen) überspringen.

- Stühle mit kleinen Zwischenräumen aufbauen und dann darüber laufen (bei Bedarf gibt die Spielleiterin Hilfestellung).

Den Abstand zwischen den Stühlen vergrößern, so dass man im Slalom zwischen ihnen hindurchgehen kann (ohne die Stühle zu berühren).

Wer schafft es, mit einem Gegenstand auf dem Kopf (z.B. einem Buch) zwischen den Hindernissen hindurch zu laufen?

*Stühle* als Hindernisse zusammenstellen: übereinander, aufeinander, kreuz und quer. Die Hindernisse müssen umgangen, erstiegen oder überklettert werden.

*Reifen* sind wie Inseln in unterschiedlichen Entfernungen voneinander ausgelegt. Man muss sich entweder mit einem großen Schritt oder einen Sprung von „Insel" zu „Insel" fortbewegen. Wer schafft es, mit verbundenen Augen von einer Insel zur nächsten zu kommen? Oder Reifen werden zu einem Tunnel aufgebaut und müssen durchkrochen werden (ohne anzustoßen!).

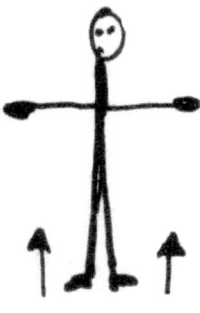

*Seile*, die in unterschiedlicher Höhe gespannt sind, werden mit einem Sprung überwunden / auf dem Boden ausgelegt zum Darüberbalancieren / in Windungen, Kurven, Zickzack, mit Zwischenräumen zum Balancieren ausgelegt / mit geschlossenen (oder verbundenen) Augen über das Seil gehen.

Wer schafft es, in der Mitte des Seiles auf einem Bein stehen zu bleiben?

*Variation*

In einer größeren Gruppe können die Spielkinder selbst die Hindernisse bilden:

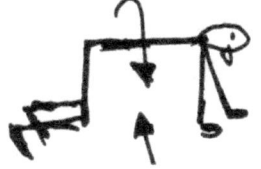 

sich zum Stein zusammenkauern

- seitlich ausgebreitete Arme, unter denen man gebückt hindurchgeht

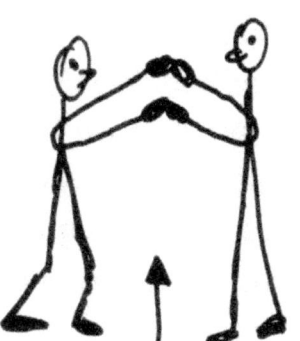

- jeweils zwei Kinder stehen sich gegenüber und bilden mit ihren Armen einen Durchgang (mit unterschiedlichen Höhen)

- in einer Reihe hintereinander stehen und die Beine grätschen, so dass ein schmaler Tunnel zum Durchkriechen entsteht

- zwei Kinder bilden mit ihren Armen eine Öffnung (ähnlich dem Feuerreif im Zirkus) zum Durchsteigen.

### Bastelvorschläge

Aus einem Bogen Zeitungspapier kann man eine gemeinsame **Kopfbedeckung** (nach dem Prinzip „Tapeziermütze") basteln und bemalen, so dass alle Mitglieder einer Reisegruppe an ihrem Hut zu erkennen sind.

Aus Papprollen entstehen **Ferngläser**, die man sich mit einem Band um den Hals legen kann. Als Reiseutensilien werden z.B. **Fahrscheine** oder Landkarten gemalt.

# 3. Fantastisch & Zauberhaft
## Im Reich der Wünsche und Verwandlungen

Voller Begeisterung können Kinder eine Schnecke auf ihrem Weg beobachten oder den Lauf eines kleinen Rinnsals verfolgen. Die Holzmaserung auf der Tür sieht für sie aus wie ein feuerspeiender Drache und in Wolkengebilden erkennen sie Gesichter oder Tiere. Das Buch, das ihnen aus der Hand fällt, wird als böse beschimpft und sie schlagen den Tisch, weil sie sich an ihm gestoßen haben. Schmusetiere müssen in Decken eingewickelt werden, damit sie nicht frieren und den rollenden Ball versucht das Kind mit beschwörenden Rufen aufzuhalten.

Alltäglichkeiten, Nebensächliches und Details erregen ihre Aufmerksamkeit und wecken Assoziationen und Fantasien. Alles um sie herum, egal ob Mensch, Tier oder Ding, ist belebt. Es wird von ihnen wie ein Mensch behandelt, der mit denselben Eigenschaften ausgestattet ist wie sie selbst.

In dieser Welt des magischen Denkens und Handelns ist noch jede Menge Platz für Wunder und Zauber, Verwünschungen und Beschwörungen. Dort hilft das Wünschen (noch). Träume können wahr werden und Unglaubliches wird auf zauberhafte Weise möglich und machbar. Mit magischen Kräften können Dinge,

Tiere und Menschen auf ungewöhnliche Weise verändert, verwandelt, eben verzaubert werden. Selbst Probleme lassen sich auf zauberhafte Weise lösen, indem man Unerwünschtes wegzaubert und Wünschenswertes herbeizaubert. Aber nur, wenn man den richtigen Zauberspruch und das passende Zaubermittel kennt!

# Zauberklänge und -worte

## Kreisspiel mit Tönen und Rhythmen

*Anmerkung*: Lautbildung und Artikulation werden gefördert. Geeignet als Einstiegsspiel und auch für größere Gruppen

*Material*: keines

*Ausgangssituation*

Ins Reich von Zauber und Magie kommt man natürlich nicht auf gewöhnlichem Wege. Man benötigt allerlei Zaubermittel. Manchmal allerdings reicht schon ein einziger, geheimnisvoller Ton, um einen Zauber in Gang zu setzen.

*Wir probieren*

Welche Töne können wir mit unserer Stimme hervorbringen? Reihum gibt jeder einen einfachen Ton vor wie z.B. bbbbbbblubbbbbbbern oder glglglgluckern, ssssssss-ummen, zzzzzzischen, gu-rrrrrrr-geln, wwwwwwwwehen oder eine kräftiger Ffffffffffflatterton. Die anderen wiederholen jeweils das Geräusch.

Und wie klingen die Vokale a – e – i – o - u, wenn wir sie möglichst tief/ möglichst hoch/ abgehackt/ langanhaltend/ wie eine Welle / in sich kreiselnd/ rasch wechselnd zwischen Hoch- und Tiefton sprechen?

# Das Zauberwort

## Erweitertes Klang- und Tonspiel

*Anmerkung:* für Sprach- und Sprechmelodie sensibilisieren. Geeignet als Einstiegsspiel

*Material:* keines

*Ausgangssituation*

Aus allerlei klangvollen Buchstaben lassen sich fantastische Worte erfinden wie z.B. Hammmmmm-Bossssssssadi! Das Wort wird von Kind zu Kind im Kreis herumgegeben.

*Wir probieren*

Wie klingt das Zauberwort, wenn man es geheimnisvoll oder beschwörend sagt/ murmelt/ mit einem anderen Rhythmus/ schneller/ langsamer/ höher/ tiefer tönend sagt?

*Variation*

Das Zauberwort wird im Kreis von Kind zu Kind weitergegeben und darf verändert werden. Mit der Veränderung, wechselt auch die Richtung, in der das neue Wort in der Runde weitergegeben wird.

# Zaubersprüche

### Kreisspiel mit Sprache, Tönen und Bewegung

*Anmerkung*: Gespür für Töne, Laute entwickeln. Für das (Zu-) Hören sensibilisieren. Geeignet als Einstiegsspiel

*Material*: keines

*Ausgangssituation*

Ganz wichtig im Reich von Zauber und Magie sind Zaubersprüche wie das bekannte „Hokus-pokus-fidibus" - „Sim-sala-bim" oder „Abrakadabra".

Zaubersprüche sind meist vokalreich und spielen mit den Veränderungen einzelner Buchstaben. Sie bieten sich deshalb zu einfachen Sprech- und Intonierungsspielen an.

*Wir probieren*

Die **Vokale des Wortes** werden betont (HOkUspO-kUs). Oder man lässt sie besonders lange tönen (Aaaabraaaa kaaaadaaaabraaaa).

**Silben** werden verdoppelt (Sim-sim, sala-sala, bim-bim). Weitere Möglichkeiten ausprobieren wie z.B. abgehacktes oder bedrohliches Sprechen, mit Echo, im Singsang usw.

*Erweiterung 1*

Die Worte oder verschiedenen Silben des Zauberspruches werden mit entsprechenden Bewegungen der Finger/Hände/Arme oder auch des Kopfes/der Schultern kombiniert und rhythmisiert: z.B. Kopf nickt einmal kurz - beide Schultern zweimal hochziehen - Arme überkreuzen.

Im Stehen kann man einfache Schrittabfolgen für jeden Teil des Spruches erfinden: z.B. je ein Stampfer rechts und links, dann drei Hüpfer.

*Erweiterung 2*

Um in bisher unbekanntes Zauberland vorzudringen, braucht man neue, andere Zaubersprüche, solche, die in keinem Buch stehen. Also erfinden wir eigene Beschwörungsformeln, die sich entweder am Prinzip der bekannten Zaubersprüche orientieren oder wir suchen nach neuen, eigenen Formen (z.B. Bandwurmworte wie Holdriloderlischrubdiwupphexazaubanix). Zur Unterstützung werden die Worte/Silben mit einfachen, eindeutigen Bewegungen verbunden.

# Zauberhafter Beschwörungstanz

*Einfache Bewegungsabfolge in der Gruppe*

*Material*: keines

*Ausgangssituation*

Immer wieder gibt es böse Zauberer und Hexen, die andere verzaubern. Es gibt verschiedene Mittel, diesen Zauber zu durchbrechen.

*Wir probieren*

ein paar beschwörende Tanzschritte. Dafür stellen sich alle im Kreis auf und fassen sich an den Händen. Der altbekannte Rumpelstilzchenspruch wird mit einfachen Schrittbewegungen verbunden und abgewandelt. Zum Beispiel: „Ach wie gut, dass jeder weiß," (rhythmisches auf der Stelle stapfen und dabei die Knie möglichst weit nach oben ziehen) „dass er/sie ...." (alle kommen wie zu einer Verschwörung in der Kreismitte zusammen und wiederholen - mehrmals – im Flüsterton die letzten beiden Worte bis schließlich der Name des erlösten Kindes laut herausgerufen wird) „..... heißt!"

# Achtung, Grenze!

### Bewegungsspiel für drinnen und draußen

*Anmerkung:* als Einstiegsspiel geeignet

*Material*: ein Wäscheseil (oder mehrere Springseile aneinander geknotet) zum Markieren der Grenze

*Ausgangssituation*

Falls Zauberworte und -sprüche nicht helfen, um ins Zauberland zu kommen, sollte man sich einfach auf die Suche machen. Vielleicht gibt es irgendwo einen geheimen Zugang oder eine verborgene Tür. Für die benötigt man allerdings häufig ein zauberhaftes Hilfsmittel, z.B. einen Stab, einen Stein oder einen Spruch.

Manchmal gelangt man zu einer magischen Grenze, hinter der sich das Zauberreich befindet. Und natürlich müssen solche Grenzen auf besondere Art und Weise überschritten werden.

*Wir probieren*

Können wir die Grenzlinie mit einem Sprung zu überwinden? Alle gleichzeitig oder einer nach dem anderen tut es. Wer die Grenze berührt, wird sofort zu Stein und muss bewegungslos verharren bis ihn jemand (der Spielleiter oder ein anderer Mitspieler) mit dem richtigen Zauberwort oder Ton erlöst.

*Variationen*

Der Sprung wird mit einem zuvor vereinbarten Beschwörungslaut oder Ruf begleitet. Statt eines Sprunges müssen die Spieler die Grenzlinie überqueren und zwar:

- rückwärts
- auf einem Bein
- auf Zehenspitzen
- auf den Fersen
- auf allen Vieren
- mit geschlossenen Augen

# Die Zauberwiese

### Bewegungsspiel für drinnen und draußen

*Anmerkun:g* Beweglichkeit verschiedener Körperteile ausprobieren

*Material*: ein Tuch zum Markieren des magischen Spielraumes. Es sollte so groß sein, dass alle Mitspieler bequem darauf Platz finden und ausreichend Bewegungsraum haben

*Ausgangssituation*

Was ist denn das für ein merkwürdiger Ort, der sich deutlich von der Farbe des Fußbodens abhebt? Es könnte z.B. eine Zauberwiese sein und deswegen sollte man sich vorsichtig in diese Richtung bewegen.

*Wir probieren*

Am besten macht die Spielleiterin den ersten Schritt auf das unbekannte Terrain. Dann folgen die anderen. Kaum haben sich alle auf dem Tuch versammelt, wird die Spielleiterin „verwandelt". Ihr zittern plötzlich die Knie und schon werden auch alle anderen von dieser Verwandlung ergriffen. Mit einem „Zauberwort" der Spielleiterin wird die Verwandlung beendet, und rasch verlassen alle die Zauberwiese.

Mal sehen, was passiert, wenn ein anderer als Erster den Zauberort betritt?

Vielleicht hüpft er auf der Stelle wie ein Ball/ rollt mit den Augen/ seine Hände zappeln...

Zum Glück gibt es ja Zauberworte, um den Spuk zu beenden.

Sind alle wieder außerhalb des magischen Terrains, kann ein anderer erneut die Zauberwiese betreten.

Möglichst verschiedene Bewegungen ausprobieren.

Das Spiel dauert so lange bis es keine Verwandlungseinfälle mehr gibt.

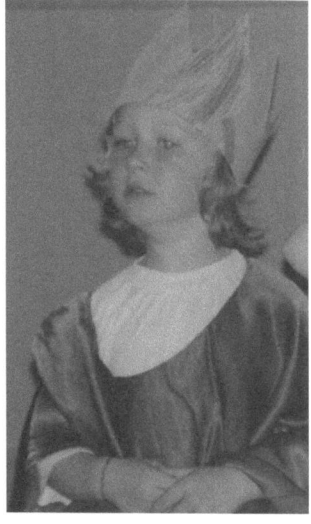

# Der lange, lange Tunnel

## Bewegungsspiel

*Anmerkung:* ein ausreichend großer Bewegungsraum, beliebige Gruppengröße; auch für jüngere Kinder geeignet

*Material:* eine Reihe von Stühlen bilden einen Tunnel

*Ausgangssituation*

Im Zauberland gibt es die verschiedensten Örtlichkeiten, die man jeweils mit äußerster Vorsicht behandeln sollte, denn man weiß nie, welche Gefahren oder Überraschungen dort lauern. Kommt man an einen Tunneleingang, stellt sich die Frage, ob es auch einen Ausgang gibt. Hat man Glück, ist ein heller Lichtpunkt am Ende zu sehen. Aber hoffentlich ist das der Ausgang und keine Fata Morgana?!

*Wir probieren*

Langsam, damit es nicht zum Stau kommt, kriecht einer nach dem anderen durch den Tunnel. Wer am Ende angekommen ist, gibt dies mit einem freudigen Ausruf kund (z.B. Juchhu!), macht sich beim Verlassen so groß es geht und ruft dann laut und deutlich seinen Namen. Geschafft!

# Tür - und Torwächter

## Gruppenspiel mit Einzelaktionen

*Anmerkung:* auch für jüngere Kinder geeignet. Einschätzung der eigenen Fähigkeiten bzw. Möglichkeiten

*Material*: keines

*Ausgangssituation*

All jene Orte, an denen es etwas Besonderes gibt (z.B. einen Schatz, einen verzauberten Prinzen, eine entführte Fee oder ähnliches), werden für gewöhnlich bewacht.

*Wir probieren*

Manchmal erhält man Zutritt, wenn man die vom Tür- oder Torwächter gestellte Aufgabe erfüllt: ein Lied singen/ sich einmal um sich selber drehen/ mit geschlossenen Augen mehrere Schritte geradeaus gehen usw. Die Aufgaben können entsprechend den individuellen Möglichkeiten der Kinder gestellt werden oder werden jeweils von der gesamten Gruppe gemeinsam ausgeführt.

*Variation*

Damit der Wächter den weiteren Weg frei gibt, muss jeder in der Gruppe ein „Kunststück" vorführen. Jedes Kind entscheidet entsprechend seiner Fähigkeiten, was es zeigt.

# Die Geheimtür

## Darstellungsspiel

*Anmerkung:* als Einstiegsspiel geeignet. Auf Einzelheiten achten. Nicht zu große Gruppe

*Material:* keines

### Ausgangssituation

Manchmal kommt man nicht weiter, weil man vor einer Tür steht, die sogar verschlossen sein kann. Und Türen im Zauberland sind immer voller Geheimnisse und Überraschungen. So sieht man sie meist nur, wenn man sich wie die Spielleiterin eine Fantasiebrille aufsetzt. Dann kann man ihre Umrisse genau angeben (mit der Hand Höhe und Breite der imaginären Tür umfahren). Jetzt weiß jeder, dass der Eingang z.B. klein und niedrig ist und man sich beim Durchgehen ducken muss. Oder ist die Türöffnung so schmal, dass man sich nur seitlich durchschieben kann.

### Spielverlauf

Ist die Geheimtür entdeckt, drücken wir die Türklinke. Mist! Abgeschlossenen! Gibt es irgendwo so etwas wie eine Klingel? Wenn nicht, machen wir uns durch Klopfen (Klopfgeste und dazu ein Geräusch; z.B. Klopf-klopf) bemerkbar. Wir horchen und warten. Nichts zu hören.

Durch das Schlüsselloch ist auch nichts zu sehen. Vielleicht ist irgendwo der Schlüssel versteckt? Und tatsächlich beim Abtasten der Türumrandung entdeckt die Spielleitung das Schlüsselversteck. Hoffentlich passt der gefundene „Schlüssel"! Also, probieren wir es mal. Wir tun so als ob wir den „Schlüssel" ins Schlüsselloch stecken, dann wird er vorsichtig gedreht bis es klickt und klackt. Und wenn alles gut geht, lässt sich die Geheimtür quietschend und ächzend öffnen.

**Achtung!** Bei Wiederholungsaktionen an derselben „Tür" ist zu beachten, dass sie sich immer in dieselbe Richtung öffnet. Also: muss man die „Tür" von sich wegdrücken oder zu sich heranziehen und dabei einen Schritt zurück treten?

Möglicherweise befindet sich ein paar Schritte hinter der ersten Tür noch eine weitere Geheimtür. Nun kann ein anderer das Öffnen ausprobieren. Was mag die Spielergruppe hinter der letzten Geheimtür erwarten?

# Das Zauberreich erkunden

*Fantasiespiel*

*Anmerkung:* eigene Vorstellungen entwickeln und darstellen

*Material*: keines

*Ausgangssituation*

Um sich von den Örtlichkeiten einen Eindruck zu verschaffen, lassen wir am besten eine Art Kundschafter (den Spielleiter) vorausgehen, damit er uns rechtzeitig vor Gefahren und Schwierigkeiten warnen kann. Was kommt wohl nach der nächsten Biegung? Was verbirgt sich hinter dem Vorhang / dem Felsvorsprung / dem knorrigen Baum / dem Hügel? Und was erwartet uns hinter der Geheimtür und dort auf der Lichtung?

Durch entsprechende Gesten und Aktionen wird die jeweilige Örtlichkeit verdeutlicht: einen Vorhang zur Seite schieben / in einen engen Gang hineinschleichen / eine Tür vorsichtig öffnen.

Die Gruppe folgt dem Kundschafter. Kaum sind sie ein paar Schritte gegangen, erwartet sie auch schon die erste Überraschung. Vorsicht! Der Boden wird furchtbar klebrig, so dass man nur mit viel Mühe seine Füße wieder hochnehmen kann. (Alle spielen das mühsame Hochziehen der Füße.) Im Folgenden kann man an stinkende Örtlichkeiten gelangen, so dass man sich die Nase zuhalten muss oder es ist so stockfinster, so dass man sich vorsichtig vorwärts tasten muss. Ggf. können auch Spielerkinder (einzeln oder paarweise) die Kundschafterrolle übernehmen. Als Hilfestellung stellt der Spielleiter den Kundschaftern eine konkrete Aufgabe: Wie riecht es dort vorne? Gibt es weitere Gänge oder Türen? Was ist zu hören? Gibt es dort andere Wesen/ Menschen/ Tiere/ Dinge?

# Das Zauberkästchen

### Kreisspiel für drinnen und draußen

*Anmerkung:* fördert Fantasie und die Fähigkeit, sich etwas vorzustellen – wie man das spielerisch darstellt

*Material*: keines

*Ausgangssituation*

Zu den Utensilien, die man im Zauberreich finden kann, gehört z.B. das Zauberkästchen. In diesem gibt es allerlei spannende Dinge, die man manchmal nur hört oder nur riecht.

Der Spielleiter mit seinem geschulten Zauberblick entdeckt das „Kästchen" als erster und ergreift es (mit beiden Händen die vorgestellte Größe umfassen).

Nun nimmt jeder im Spielkreis das imaginäre „Kästchen" in die Hand. Aber Vorsicht: es darf nicht größer oder kleiner werden, während es von einem zum anderen wandert.

Ist das „Kästchen" wieder beim Spielleiter angekommen, gibt es eine neuerliche Entdeckung: Wenn man es leicht schüttelt, ist ein Ton bzw. Geräusch zu hören. Der Spielleiter intoniert z.b. einen Quietschton. Das hört sich ja an wie ... Mal nachschauen, was sich in dem „Kästchen" befindet. Vorsichtig hebt der Spielleiter den „Deckel" und benennt eine vorgestellte Sache („ein Auto, das gerade bremsen musste"). Deckel zu und nun können andere Mitspieler dem „Kästchen" neue Töne ablauschen; z.b. klingeln, summen, schmatzen, quietschen, hupen, brummen, klappern, jaulen, wispern, krähen ..... Verschiedene Töne ausprobieren, für die es auch verrückte Erklärungen geben darf.

*Variation*

Aus dem „Kästchen" kommen keine Töne, sondern man öffnet es einen Spalt breit, um hineinzuschnuppern. Nach was riecht, duftet oder stinkt es? Und was passiert, wenn man den Deckel öffnet und hineinschaut? Der imaginäre Gegenstand wird herausgeholt: wie groß ist er und was kann man damit machen?

# Der Zaubertrunk

## Kreis- und Darstellungsspiel

*Anmerkung:* Gruppengröße beliebig. Genaues Beobachten

*Material*: ein Geräuschinstrument oder eine sanfte Musik (von einer CD) um die Zauberreise musikalisch zu untermalen.

*Ausgangssituation*

Um möglichst rasch an einen anderen Ort zu gelangen, hilft manchmal ein Zaubertrunk. Der bringt einem sozusagen im Handumdrehen in eine neue Umgebung - vorausgesetzt es geht nichts schief und es wurden keine falschen Zutaten zusammengemixt!

Also nehmen wir reihum einen Schluck aus dem imaginären Becher. Zuvor spricht der Spielleiter (die Hand umfasst die angenommene Bechergröße) einen geheimnisvollen Zauberspruch und gibt das „Gefäß" dann an ein Spielerkinder. Es ergreift den „Becher" ohne dessen Form und Größe zu verändern, nimmt einen Schluck und reicht ihn an den nächsten in der Runde - und so weiter bis jeder einen Schluck genommen hat.

Es dauert eine kleine Weile bis der Zaubertrunk wirkt - nämlich genau so lange bis der „Becher" einmal die Runde gemacht hat. Dann heißt es für alle: Augen zu! Zur Einstimmung auf die weitere Reise durch das Zauberland kann der Spielleiter nun entweder ein Instrument (das Rasseln eines Tambourins, Glöckchen klingen, ein Gong) ertönen lassen oder eine entsprechende Musik begleitet den Weg in fantastische Städte und Dörfer, auf wundersame Wiesen, verwunschene Täler, zu zauberhaften Bergen.... Dann heißt es: Augen auf.

Huch! Wo sind wir denn jetzt?

Wenn alles geklappt hat, sind wir von zauberhaften Dingen umgeben: jedes Kind benennt eine Sache, die sich im Zauberland befindet. Ist aber etwas schief gegangen, sitzen wir eventuell in einer stockfinsteren Höhle und können nichts und niemanden sehen. Oder es hat uns hoch hinauf in einem Baum verschlagen und alles unter uns erscheint winzig, winzig klein.

# Der Wunschbrunnen

### Kreisspiel mit Einzelaktionen

*Anmerkung:* sich etwas vorstellen und wünschen. Gefordert ist Zusammenspiel und aufeinander hören und schauen.

*Material:* ein Seil (ca. l bis 2 m)

*Ausgangssituation*

Die schönsten Zaubereien sind solche, bei denen Wünsche erfüllt werden. Das geht zum Beispiel mit Hilfe des Wunschbrunnens, der sich irgendwo im Zauberreich befindet. Wenn man Glück hat, trifft man auf eine gute Fee, die den Weg kennt und uns sogar an den verborgenen Ort des Wunschbrunnens führt.

*Wir probieren*

Zwei oder mehr Kinder bilden mit ihren Armen die Brunnenöffnung.

Ein Kind steht als „Seilwinde" daneben. In der einen Hand hält es ein Seil oder langes Tuch; der andere Arm ist ausgestreckt und bildet die „Kurbel", die man langsam drehen muss, damit das Seil in den Brunnen hinab gelassen wird.

Der Wünscher dreht vorsichtig die „Kurbel" und äußert dabei seinen Wunsch: „Eins-zwei-drei-vier, ich wünsche mir ...".

Dabei senkt sich das Seil langsam in den Brunnen hinab. Ist es unten angekommen, hört man ein eindeutiges Platschen (die Brunnenspieler intonieren das Geräusch). Der Wünscher ruft etwas in den Brunnen hinein; zum Beispiel: „Hallo, hört ihr mich?" oder „Ich wünsche mir ein Fahrrad". Aus dem Brunnen tönt immer das letzte Wort des kurzen Satzes als Echo zurück. Also „mich" oder „Fahrrad".

Mit dem Drehen der Kurbel holt der Wünscher das Seil wieder nach oben und der Wünscher stellt die gewünschte Sache gestisch mit einer einfachen Aktion dar. Z.B. öffnet er das Säckchen mit Gold und nimmt eine Münze heraus. Oder das neue Fahrrad wird sofort ausprobiert: den Lenker ergreifen und die Klingel ertönen lassen. Der Hamster wird auf den Arm genommen und gestreichelt.

*Variation*

Der Wunsch wird

- nicht erfüllt

- anders erfüllt

- das Gegenteil geht in Erfüllung.

# Das Zaubertuch

## Verwandlungsspiel im Kreis

*Anmerkung:* fördert Fantasie und Vorstellungsfähig-keiten

*Material:* ein Tuch (mindestens 60 x 40 cm oder größer)

### Ausgangssituation

Zur Verwandlung werden im Reich der Zauberer, Hexen und Magier die unterschiedlichsten Mittel und Methoden benutzt. Oft finden Verwandlungen unter einem Tuch statt. Wer sich darunter befindet, wird verzaubert in eine Sache oder ein Tier.

### Wir *probieren*

Ein Spielkind setzt sich in die Kreismitte und wird mit dem Zaubertuch bedeckt. Ein anderer übernimmt die Rolle des Zauberers und erhält als Symbol einen Stab. Die anderen versammeln sich im Kreis um das Tuch und lassen es leicht auf- und niederflattern, während sie einen zuvor vereinbarten Zauberspruch sprechen. Das Schlusswort hat der Zauberer, der sagt, in was das Kind unter dem Tuch verwandelt werden soll. Wird das Tuch weggezogen, zeigt das Kind seine Ver-wandlung - in einen Stuhl, eine Kiste, einen Ball, einen Hasen, einen Frosch ...-, in dem es die entspre-chende Haltung einnimmt und dann Bewegungen und Töne macht. Mit dem Ruf: „Eins-zwei-drei, Zau-

berzeit vorbei" beendet der Zauberer die Verwandlung.

Wer lässt sich als nächstes verzaubern und wer ist der
nächste Zauberer?

*Variation*

Man kann auch einfache Zauberreime erfinden, die
etwas über den Zauber aussagen wie z.B.

„Zwille-zwalle-zwockel
bist ein Gockel"

„Zwille-zwalle-zwuckel
hast 'nen Buckel."

# Der verflixte Stuhl

## Darstellungsspiel

*Anmerkung:* (Er-)Finden von Reaktionen. Die Gruppe sollte nicht zu groß sein

*Material:* ein Stuhl

*Ausgangssituation:*

Irgendwann trifft man bestimmt auch auf den verflixten Stuhl, der es in sich hat. Wenn man sich darauf setzt, passiert immer etwas.

*Wir probieren*

Wer sich auf den Stuhl setzt, wird gepikst - abgeworfen (wie von einem Pferd) - von einem heftigen Juckreiz überfallen - wie von einer Feder hoch gschleudert - man wird soooo müde und muss dauernd gähnen - die Worte bleiben einem im Hals stecken - Musik fährt einem in die Knochen ...

Weitere Möglichkeiten suchen und ausprobieren.

# Verhext - verwünscht

## Reaktions- und Bewegungsspiel

*Anmerkung:* ausreichend Bewegungsspielraum

*Material:* ein Signalinstrument (Gong, Pfeife o.a.)

*Ausgangssituation*

Hexen und Hexer haben die Macht, anderen etwas anzuzaubern oder ihnen etwas wegzuzaubern, und das erwischt einen oft unvorhergesehen.

*Wir probieren*

Ein Spielkind übernimmt die Rolle des Hexers. Die anderen bewegen sich kreuz und quer durch den Raum, bis der Hexer einen Gong (oder ein anderes Signalinstrument) ertönen lässt. Alle bleiben daraufhin regungslos stehen, und der Hexer spricht seine Verwünschung aus:

- Alle haben ein bleischweres Ohr, das den Kopf zur Seite herunterzieht

- Die Beine sind aus Holz, so dass man nur mit durchgedrückten Knien gehen kann

- die Füße sind am Boden festgewachsen

- alle können nur noch rückwärts gehen

- alle haben keine Sprache mehr und können sich nur noch mit Gesten verständigen

- alle reden Kauderwelsch ...

Der Zauber hält so lange an, bis das Signal erneut
ertönt. Danach bewegen sich alle wieder normal und
die Hexerrolle wird an einen Mitspieler vergeben, der
eine neue Verhexungsidee ausprobiert.

*Variation*

Die Gruppe bekommt eine Eigenschaft angezaubert,
die alle jedoch individuell umsetzen. Jeder ist:

- fröhlich
- kugelrund
- schwer
- verärgert
- riesengroß
- beleidigt

Oder: Der Zauber klappt nicht, und das Kind wird in
das Gegenteil verwandelt: statt groß wird es klein,
statt dick dünn usw. Unter Umständen ist es notwen-
dig, mit der Gruppe ein paar Beispiele auszuprobie-
ren: Was ist das Gegenteil von ...

# Höhnisch-hexisches Gelächter

## *Kreisspiel - Töne machen*

*Anmerkung:* Stimme und genaues Hören erproben.
Beliebige Gruppengröße

*Material:* keines

### Ausgangssituation

Hexen, Gnome, Elfen, Zwerge, Riesen und all die anderen ungewöhnlichen Bewohner von Zauberländern haben oft ein besonderes Lachen, das mal riesig, mal geisterhaft, mal elfenhaft zaghaft oder auch einfach fürchterlich hexisch klingen kann. Lauschen wir ihnen ein paar ihrer Lacharten ab.

### Wir *probieren*

Jeweils einer aus der Spielrunde horcht in die Richtung, aus der das vermeintliche Lachen kommt, das er dann der Gruppe vormacht. Alle wiederholen dieses Lachen. Ein anderer lauscht (in eine andere Richtung) und hört ein anderes Lachen. Zum Beispiel: schrill – grell - eingebildet – kichernd – prustend – bedrohlich – schläfrig …

# Hexenkessel

## *Auflockerungsspiel*

*Anmerkung:* Bewegung und Koordination. Auch auf kleinerem Raum spielbar

*Material:* Die Stühle werden kreisförmig (Sitz nach außen) aufgestellt und bilden den Hexenkessel

Wir *probieren*

Aus lauter Neugierde klettern alle Spieler in den Hexenkessel. Da taucht auch schon der Hexenmeister auf, stellt sich auf einen der Stühle und beginnt kräftig zu rühren (entsprechende Handbewegungen). Je nachdem, in welche Richtung der Arm rührt, bewegen sich die Spielkinder im Hexenkessel.

Achtung: beim Wechsel der Richtung und des Rührtempos! Zum Schluss heißt es „Deckel zu". Dann sinken alle im Hexenkessel müde zusammen.

Hexenkessel

# Der verwunschene Spiegel

## Darstellungsspiel

*Anmerkung:* Gesichter machen/Haltungen einnehmen. Genaues Beobachten wird gefordert und gefördert

*Material:* keines

*Ausgangssituation*

Die Gesichter einiger Zauberwesen sehen eher schauerlich als schön aus. Und wenn man in ein solches Gesicht blickt, bekommt man sofort den gleichen Gesichtsausdruck. Achtung also, wenn man in verwunschene Spiegel schaut.

*Wir probieren*

verschiedene Gesichtsausdrücke. Wie sieht es aus, wenn man die Augen zusammenkneift oder weit aufreißt, den Mund verzieht, Zähne zeigt, die Lippen fest aufeinander gepresst. Wie kann man mit den Händen bzw. Fingern das Gesicht/den Gesichtsausdruck verändern?

*Spielverlauf*

Sind einige Möglichkeiten ausprobiert, übernimmt ein Spielkind die Rolle des verwunschenen Spiegels, vor dem sich die anderen versammeln - am besten im großen Halbkreis. Die Spieler schließen die Augen und dürfen sie erst wieder öffnen, wenn ein akustisches Signal der Spielleiterin ertönt. Dann schauen alle in den „Spiegel" und versuchen das vom „Spiegelspieler" gezeigte Gesicht (und ggf. auch die Körperhaltung) so genau wie möglich nachzuahmen.

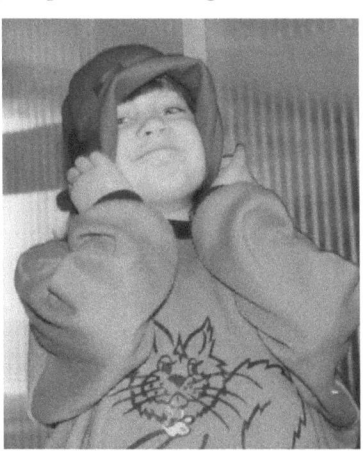

# Wie man Drachen erlöst

## Reaktions- und Körperspiel

*Anmerkung:* Endlich darf man mal fauchen und böse sein

*Material:* keines

*Ausgangssituation*

Immer wieder erwischt es die Menschen. Sie werden in bösartige Ungeheuer verzaubert wie z.B. einen Drachen. Tag um Tag hoffen sie auf ihre Erlösung. Irgendjemand muss eine ganz bestimmte Stelle an ihrem Körper berühren, damit aus dem Drachen wieder ein Mensch wird.

*Spielverlauf*

Auf einem Stuhl thront der „Drache" und döst vor sich hin. Nur er und die Spielleiterin, der er zuvor die geheime Stelle (rechter Daumen, Nasenspitze, Bauch usw.) zugeflüstert hat, wissen, wo man ihn berühren muss, um den Zauber aufzulösen.

Nun probiert das erste Kind aus der Gruppe sein Glück und berührt den Drachen. Hat es die falsche Stelle erwischt, faucht der Drache furchterregend, und man zieht sich besser wieder zurück.

Das nächste Kind versucht sein Glück. Reihum darf so lange probiert werden, bis jemand die richtige Stelle berührt hat und der erlöste Drache sich mit einem „Hurra" zum Menschen erhebt.

Dann werden die Rollen gewechselt. Wer spielt jetzt den verzauberten Drachen, der natürlich eine andere Erlösungsstelle hat.

# Bastelvorschläge für Zauberspiele

*Zauberstäbe* werden aus dickem Papier zusammengerollt, mit Tesafilm verklebt und mit Kreppapierstreifen verziert.

*Hüte für Zauber oder Hexen* werden aus Fotokarton zu Spitztüten geformt, mit Buntpapier verziert und ein Hutgummi wird am unteren Rand befestigt, so dass der Hut unter dem Kinn gehalten wird.

Einen bunt verzierten *Hexenbesen* kann man z.B. aus Holzstöcken basteln, die man im Wald oder Park gesammelt hat. Sie werden mit bunten Bändern oder Stoffstreifen umwickelt.

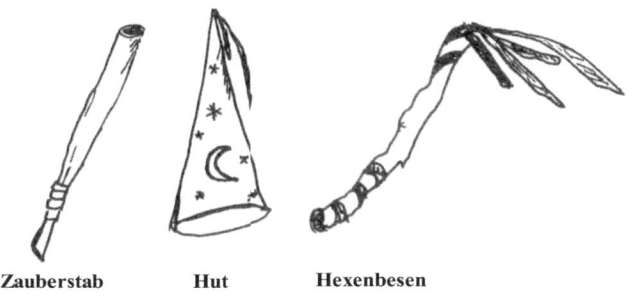

Zauberstab          Hut          Hexenbesen

# 4. SPIEL - AKTIONEN

## Ausflug nach Afrika

Wie stellen sich Kinder Afrika vor? Was wissen sie von diesem Kontinent?

„Das ist weit weg." - „Da ist Wüste und manchmal ist es dort sehr heiß." - „Und da gibt es keine Geschäfte. Man kann überhaupt nix kaufen."- „Aber dort gibt es auch Dschungel und viele Tiere." - „Vor allem ganz viele Löwen und Leoparden." - „Aber auch Giraffen und Elefanten, Krokodile und Zebras." - „Ich glaube, da gibt es auch Leute."

Mit Hilfe einer Weltkugel kann man den Kontinent suchen und anhand von Sach- und Bilderbüchern zum Thema (z.B. *„Marie hat jetzt Stachelzöpfe. Von Europa nach Afrika und zurück"*, siehe Buchtipps Seite 113) Einblicke geben in die Vielfalt des Kontinents sowie die anderen Kulturen und Lebensweisen.

# Allerlei afrikanische Tiere

## Darstellungsspiel

*Anmerkung:* die typischen Merkmale verschiedener afrikanischer Tiere erkennen und spielerisch umsetzen

*Material:* ggf. ein Sachbilderbuch zum Thema

---

*Ausgangssituation*

Um die afrikanische Tierwelt kennen zu lernen, schauen wir uns gemeinsam ein Sachbilderbuch an. Welches sind typische Erkennungszeichen der verschiedenen Tiere?

Flatterohren

Ganz klar, der **Elefant** hat einen langen Rüssel und zwei große Flatterohren. **Löwen** und **Leoparden** haben Krallen und können ganz fürchterlich fauchen, während **Krokodile** meistens im Wasser dösen und ein großes Maul haben. **Affen** essen bevorzugt Bananen und können ganz schön Krach machen.

*Wir probieren*

**große *Elefantenohren*:** Die rechte Hand greift ans rechte Ohr und die linke Hand ans linke Ohr. Nun können wir mit den Ellbogen fast so gut wedeln wie die Dickhäuter mit ihren großen Flatterohren.

Den langen baumelnden ***Rüssel*** kann man durch einen herabhängenden Arm darstellen, der sich nach oben biegt, um dann verschiedene Tröt-Geräusche ertönen zu lassen. Unterschiedliche Lautstärken, Rhythmen, Lautkombinationen ausprobieren.

Als ***Schlange*** bewegen wir uns schlängelnd auf dem Boden vorwärts und geben Zischgeräusche von uns. Und wer kann züngeln?

*Krokodile* liegen auf dem Bauch und bewegen sich mit ihren vier „Beinen" krabbelnd vorwärts. Beim Auftauchen aus dem Wasser (blubb-blubb) heben sie den Kopf und machen ihre große Klappe auf: Die weit nach vorne gestreckten, aufeinander gelegten Arme werden mit einer Art Gähngeräusch weit geöffnet.

*Löwen* und *Leoparden* zeigen ihre Pranken, fauchen und sind gute Schleicher. Wer schleicht am geräuschlosesten durch den Raum?

Affig

*Affen* springen munter durch die Gegend, kratzen sich mal hier und mal da, fletschen zum Spaß die Zähne. Und wer kann das Schälen und Essen einer Banane gestisch darstellen?

Bunte *Vögel* flattern leicht und beschwingt mit ihren ausgebreiteten Flügelarmen durch den Raum und putzen sich ihr schönes Gefieder, das sie immer wieder ordentlich glatt streichen.

# Elefantenkarawane

## *Darstellungs- und Gruppenspiel*

*Anmerkung:* Alle machen das gleiche (gleichzeitig oder nacheinander). Fordert und fördert das Zusammenspiel sowie körperliche Koordination. Auch für größere Gruppen geeignet

*Material:* keines

*Wir probieren*

Alle Kinder bewegen sich als Elefanten mit schweren Schritten und gebeugtem Oberkörper vorwärts. Ein Arm baumelt als Rüssel herunter und kann in besonderen Situationen nach oben gehoben werden, um z.B. ein „Tö-tö-rä-tö" erschallen zu lassen. Der zweite Arme zeigt nach hinten und stellt den Elefantenschwanz dar. Alle stellen sich in einer Reihe hintereinander auf und fassen sich an: „Rüsselhand" greift „Elefantenschwanz".

Wir vereinbaren, mit welchem Elefantenfuß wir den ersten Schritt machen und los geht's. Mit gleichmäßigen, schweren Schritten zieht die Elefantenkarawane durch den Raum. Bleibt das Leittier stehen, tun es die anderen ebenfalls.

Dann hebt der erste Elefant seinen Rüssel und lässt eine Trompetentonfolge erschallen, die die restliche Elefantengruppe im Anschluss als Chor wiederholt. Dann bekommt die Gruppe ein neues Leittier, das neue Wege geht und natürlich auch andere Töne von sich gibt.

Elefantenkarawane

*Variation*

Ist die Gruppe nicht zu groß, kann die Tonfolge des Leittieres auch von Tier zu Tier weitergegeben werden.

# Löwen im Schleichgang & mit Gebrüll

## Darstellungs- und Gruppenspiel

*Anmerkung:* sensibilisiert für Lautstärke und Tonintensitäten. Auch für größere Gruppen geeignet

*Material* keines

Wir *probieren*

Bevor es losgeht, wetzen die Löwen ihre Krallen (Fingerkuppen in den Handteller reiben). Dann darf jeder reihum seine Pranken vorführen und dabei furchterregend fauchen. Der König der Löwen gibt ein Zeichen, und alle schleichen so leise wie es nur geht durch den Raum. Hin und wieder bleibt der Löwenkönig stehen und hält Ausschau. Da! Eine Beute ist ausgemacht (ein Stuhl, ein Kissen oder eine Kiste im Raum). Auf ein Zeichen hin ducken sich alle rasch im hohen Gras. Auf ein Kommando des Löwenkönigs stürmt die Meute los - mit Gebrüll - und umstellt die Beute (einen möglichst dichten Kreis um den Gegenstand bilden). Dann heißt es: Guten Appetit! Und es darf geschmatzt werden.

*Variation*

In vornehmen Löwenkreisen wird nicht einfach nur beim Angriff gebrüllt, sondern das Ganze erfolgt in Abstufung: Vom leisen Brülllaut „Uha" steigert sich der Ton mit jedem Schritt, den die Gruppe auf die Beute zumacht. Die Zunahme der Lautstärke dirigiert der Löwenkönig mit der höher zeigenden Hand. Auf dem Höhepunkt (dem lautesten Ton) greift die Lö-wenmeute schließlich mit infernalischem Gebrüll an. Hat sie sich um die Beute versammelt, wird der Brüll-ton Stück für Stück zurückgenommen, immer leiser bis er verstummt und schließlich vom genüsslichen Schmatzen abgelöst wird.

# Auf Safari - Jagdszenen aus Afrika
## Rate- und Reaktionsspiel

*Zusammenspiel von zwei Gruppen*

*Anmerkung:* fordert und fördert gemeinsames Agieren und Reagieren und das Einhalten von Abmachungen

*Material:* ein großes Tuch, ein möglichst langes Seil; ggf. mehrere Stühle

Das Jagen von Tieren gehörte lange Zeit in afrikanischen Dörfern zum Lebensalltag und für jedes Tier gab es bestimmte Fangmethoden.

*Ausgangssituation*

Bevor es losgeht, werden die Jägerspieler eingewiesen: Sie dürfen immer nur als geschlossene Jägergruppe handeln, die sich - entsprechend den Tieren, die gefangen werden sollen - der jeweiligen Fangmethode bedient. Auch die Tiere müssen in ihrer Gruppe zusammenbleiben.

*Wir probieren*

verschiedene **Fangmethoden**: VÖGEL fängt man mit einem Netz (großes Tuch), das den Vogelspielern übergeworfen wird. Für LÖWEN und LEOPARDEN baut man eine Falle: Ein langes Seil wird um möglichst viele Löwen als geschlossener Kreis gelegt. KROKODILE bekommen ein Holzscheit ins Maul gesteckt: Wenn einer in der Krokodilgruppe Töne von sich gibt, muss der Jäger nur mit ausgestrecktem Arm auf den Tönenden deuten. Diesem bleibt dann das Maul offen stehen. Die restlichen Tiere werden mit präparierten ‚Pfeilen' betäubt. Das heißt: man legt gestisch Pfeil und Bogen an, und mit einem „Tschik" löst sich der Pfeil und trifft das anvisierte Tier genau an der Stelle, die der Jäger benannt hat (z.B. „Stirn!") Au! Der Tierspieler greift sich an die getroffene Stelle.

*Spielverlauf*

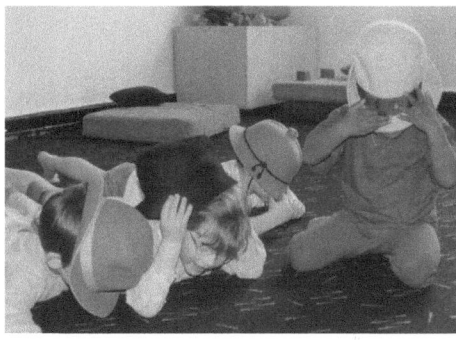

Die Gruppe wird geteilt in eine Tierherde und einen Jägertrupp.

Beide nehmen möglichst weit voneinander entfernt Aufstellung. Eine Stuhlbarriere kann einen Wald andeuten, in dem sich die Tiere aufhalten bis sie heraustreten, um ins Visier der Jäger zu geraten. Die Tierspieler sprechen sich ab, als welches Tier sie auftreten werden.

Die Spielleitung gibt ein Startzeichen (z.B. einen durchdringenden Urwaldruf), und die Tiergruppe tritt auf. Der Jägertrupp muss blitzschnell reagieren und gemeinsam die richtige Fangmethode anwenden. Natürlich werden die Tiere immer den kürzeren ziehen. Dafür werden in der nächsten Runde die Rollen getauscht. Aus Jägern werden Gejagte.

## Spielaktion „ Rummelplatz"

Kirmes, Rummel oder Kerb, das bedeutet immer auch der Reiz des Ungewohnten, wenn man z.B. mit dem Riesenrad, der Schiffschaukel oder dem Karussell seine Runden dreht. Da ist der Nervenkitzel der Achter- oder Geisterbahn, die Glücks- und Gewinnversprechen von Losbuden oder die Geschicklichkeitsanforderungen beim Büchsenwerfen und vieles mehr. Einige der Rummelaktivitäten lassen sich ohne großen materiellen Aufwand spielerisch umsetzen und darstellen.

*Hereinspaziert!*

*Treten Sie näher!*

In einem ausreichend großen Spielraum können die

verschiedenen Spielangebote aufgebaut und von den Spielkindern gegen Bezahlung in „Batschern" (leichte Klatscher in die ausgestreckte Innenhand des Gegenübers) benutzt werden. Kostet eine Aktivität z.B. drei Batscher, so klatscht das zahlende Kind dem anderen dreimal in die Hand.

Diese Art von „Rummel" lässt sich ohne große Vorbereitungen auch im Rahmen eines kleinen Festes durchführen.

# Umwerfend

## Geschicklichkeitsspiel

*Anmerkung:* Ziel- und Treffsicherheit werden erprobt ebenso wie der Umgang mit dem Ball

*Material*: ein Softball

*Wir probieren*

Mehrere Spieler stehen als Schießbudenfiguren in einer Reihe. Der Werfer gibt an, welche der „Figuren" er an welcher Stelle (Benennung des Körperteils) zu treffen beabsichtigt. Mal sehen, ob der Ball das anvisierte Ziel erreicht?!

# Schiffschaukel: Setzen und Stehen
## Koordinations- und Partnerspiel

*Anmerkung:* Balance und körperliche Geschicklichkeit werden gefördert

*Material:* eine Glocke (oder ein anderes Signalinstrument) zum Einläuten der jeweiligen Runde (ggf. auch als Zeichen für das Ende)

*Wir probieren*

Jeweils zwei Kinder von möglichst ähnlicher Körpergröße bilden die Schaukel. Sie fassen sich an den Händen.

*hin*       *und*       *her*

*Die Schiffschaukel*

Ertönt der Gong, darf sich die Schiffschaukel in Gang setzen: Kind A geht langsam in die Hocke, während Kind B stehen bleibt. Vorsicht! Nicht die Hände loslassen! Dann geht das stehende Kind langsam in die Hockstellung hinunter, und Kind A kommt langsam in den Stand. Wie bei der Schiffschaukel entsteht eine wippende Hin- und Herbewegung.

# Karussellfahren

## *Geschicklichkeitsspiel für eine Vierergruppe*

*Anmerkung:* Koordination und Kooperation. Ein ausreichend großer Bewegungsraum

*Material:* ein Signalinstrument, um Beginn und Ende hörbar zu machen

Wir *probieren*

Vier Mitfahrer stellen sich sternförmig auf: Man schaut jeweils auf den Rücken des Nächsten und streckt den Arm, der in den Innenkreis zeigt, waagerecht aus, so dass sich alle vier Spieler fest an den Händen halten.

Auf ein Signal hin, setzt sich das „Karussel" langsam in Bewegung. Dabei sollten die Abstände zwischen den vier Karussellfahrern möglichst beibehalten werden. Wie schnell kann sich das Karussell drehen, ohne dass es auseinander bricht?

Vorsicht: genügend Platz im Umfeld des Karussells lassen, damit es beim „Heraus- bzw. Auseinanderfallen" der Karussellfahrer keine Verletzungen gibt.

*Variation*

Richtungswechsel: Das Karussell fährt in die entge-
gengesetzte Richtung: rückwärts! Aber bitte langsam
und vorsichtig!

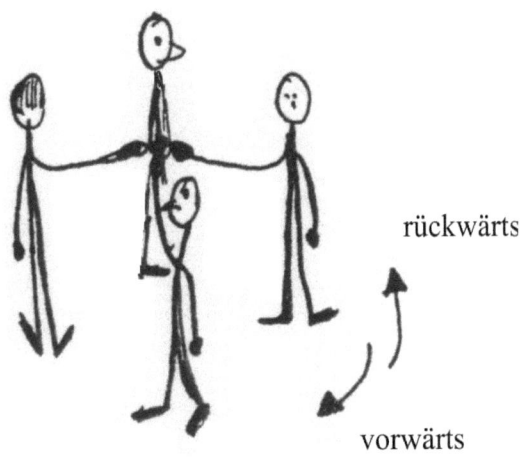

rückwärts

vorwärts

# Der sprechende Esel

## Sprech- und Fantasiespiel

*Anmerkung:* auch für sprachscheue Kinder geeignet

*Material:* keines

Wir *probieren*

Ein Kind übernimmt die Rolle des Esels, der von seinem Dompteur vorgeführt wird. Der kluge Esel kann jede Frage beantworten. Dafür sind jedoch „Batscher" zu zahlen: auf die ausgestreckte Hand des Dompteurs wird mit der eigenen Hand kurz geklopft.

Wer die verlangten „Batscher" gezahlt hat, darf eine Frage stellen, die der Esel umgehend beantwortet. Bitte nicht wundern, falls man die Antwort nicht versteht. Das liegt daran, dass der Esel eine Reihe von ausgefallenen Fremdsprachen beherrscht, so dass der Fragende sich nur an den fremd klingenden Lauten erfreuen kann.

## Spielaktion:

## Umziehen und andere Veränderungen

Spielecken werden umgeräumt, Puppenstuben neu eingerichtet, das Tobezimmer wird umgestaltet, der Sandkasten umgebuddelt, der Hinterhof neu gestaltet. Kinder richten sich in ihrer unmittelbaren Umgebung - für ihr Spiel und im Spiel - alle erdenklichen Örtlichkeiten her: vom Kaufmannsladen über den Schrottplatz bis zu allerlei Behausungen (Höhlen, Wohnungen usw.). Das Einrichten und Gestalten ist für Kinder ein wichtiges Erprobungs- und Betätigungsfeld.

Immer wieder erleben Kinder in ihrem Alltag Um- und Ausbau, Haus- oder Straßenbau. Auch einen Wohnungsumzug haben einige schon einmal miterlebt. Ein aufregendes Ereignis!

# Der Umzug: alles zusammenpacken und abtransportieren

## Darstellungsspiel

*Anmerkung*: verschiedene Möbel/Gegenstände werden von Spielern mit einer typischen Aktion dargestellt: Eröffnungsspiel, um einen Spielraum zu gestalten

*Material*: mehrere längere Seile, um Spielräume abzugrenzen.

*Ausgangssituation*

Was sich so alles in einer Wohnung befindet, erfährt man erst, wenn man auszieht und alles zusammenpackt.

"Als wir umgezogen sind, da waren ganz viele Leute da, und wir haben alle Sachen rumgeschleppt. Da hat auch meine Tante geholfen. Alles ham wir verpackt und dann rausgebracht aus der Wohnung."

*Wir probieren*

In einem Flur, der rechts und links von zwei Seile begrenzt wird, stehen die Möbel und Gegenstände, die abtransportiert werden sollen. Je ein Kind übernimmt die Darstellung eines Gegenstandes. Welche Geräusch- oder Bewegungsmöglichkeit gibt es für das jeweilige Möbelstück bzw. die Sache?

*Spielverlauf*

Sind alle Möbel und Gegenstände im Flur versammelt, übernimmt ein Spieler die Rolle des Umziehenden, der sich zwischen den aufgereihten Gegenständen hindurchschlängeln muss, weil es an der Wohnungstür klingelt. (Wer übernimmt das Klingelzeichen?) Kommt er dabei den Dingen zu nahe (eine sanfte Berührung der Gegenstandsdarsteller durch den Spieler), zeigen die Dinge ihr Eigenleben, geraten in Bewegung oder machen Geräusche. Der Ball hüpft und rollt durch den Flur. Die Schranktür öffnet sich quietschend. Die Glasvase wackelt erst hin und her und kippt dann klirrend um. Oh wei! Jetzt hat sie einen Sprung oder der Henkel ist abgebrochen. An der Tür klingelt es immer noch. Wer könnte das wohl sein?

*Erweiterung: Die Möbelmänner sind da!*

Ein Möbelstück nach dem anderen wird vorsichtig abtransportiert und in einem Möbelwagen verstaut. Schwere, größere Teile werden von zwei Möbelträgern weggebracht, während ein Ball auch von einem alleine „getragen" werden kann. Die Möbelmänner „tragen" die von Kindern dargestellten Möbel und Gegenstände, indem sie durch Greifhaltung dem Gegenstandsdarsteller signalisieren, dass er nun abtransportiert wird. Daraufhin setzt sich dieser trippelnd in Bewegung - bis hinaus zum Möbelwagen (ein durch Seile abgegrenzter Ort im Raum)

# Holpriger, kurviger Möbeltransport

## Zusammenspiel

*Anmerkung:* Koordination von Bewegungen und Aktionen in der Gruppe sind erforderlich

*Material*: keines

*Ausgangssituation*

Es gibt den voll gepackten Möbelwagen und die beiden Möbelträger, die im Fahrerhaus des großen Transporters Platz nehmen. Der Fahrer lässt den Motor an, der kurz aufheult und dann setzt sich das Fahrzeug tuckernd in Bewegung.

*Wir probieren*

Je nach Bewegung des Fahrers legen sich die „Möbel" in die Kurve, mal nach rechts, mal nach links. Ist die Straße holprig, werden sie durchgerüttelt. Wird gebremst, gibt es erst einen Ruck nach vorne, dann nach hinten und schließlich kommen die Sachen zum Stillstand. Der Motor wird abgeschaltet. Wir sind da! Jetzt heißt es ausladen.

# Wo kommen die Möbel hin?

## *Organisations- und Planungsspiel*

*Anmerkung:* Zuordnungen herstellen: ein Raum wird ein- und aufgeteilt; ausreichend Spielraum. Als Einstiegsspiel geeignet

*Material:* Seile zum Markieren von Wohnungs- bzw. Raumgrenzen

---

*Ausgangssituation*

Die Wohnungseinteilung wird festgelegt. Wo sind Flur und Zimmer (Küche, WC, Wohnraum)? Je nach Spielfläche, die zur Verfügung steht, kann es sich entweder um eine Mehrzimmer- oder Einraumwohnung handeln. Die Wohnungseinteilung wird zur Orientierung mit Seilen o.ä. markiert. Die Eingangstür wird von einem Spieler dargestellt. Wo befindet sich die Türklinke und die Klingel?

*Spielverlauf*

Bevor die Möbelträger die Sachen in die Wohnung bringen, klingeln sie an der Wohnungstür. Wer weiß, vielleicht ist der neue Mieter gar nicht zuhause? Glück gehabt. Da wird auch schon die Tür geöffnet und das Hereinschleppen der Möbel kann beginnen.

Ach du liebe Güte, so viele Sachen für so eine kleine Wohnung! Hoffentlich pass das alles hinein! Da kommt auch schon der erste Möbelträger: "Wo soll die Uhr hin?" Der Mieter gibt Auskunft: "Wenn's die

Küchenuhr ist, dann in die Küche. Die Standuhr kommt ins Wohnzimmer - oder vielleicht in den Flur?"

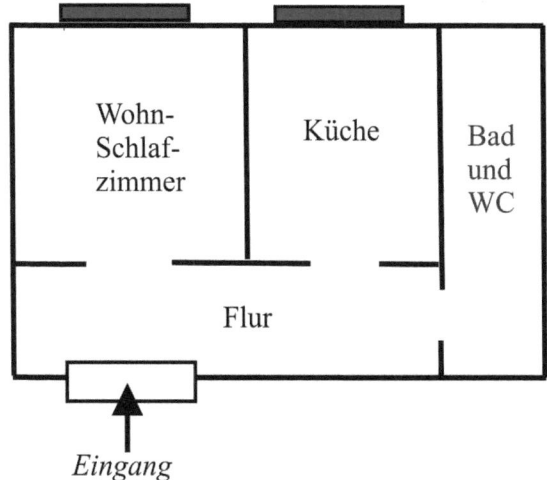

Und da kommt auch schon der Zweite und erkundigt sich: "Wohin kommt die Stehlampe?" Der Mieter entscheidet sich für einen Standort. Ein Möbelstück nach dem anderen wird in die Wohnung transportiert und auf Anordnung des neuen Mieters aufgestellt. Dahin oder dorthin oder vielleicht besser an diese Stelle?! Endlich ist es so weit! Die Möbel sind alle in der neuen Wohnung verstaut.

# Kaputt, defekt und voller Macken

*Darstellungsspiel*

*Anmerkung:* Gegenstände in ihren Funktionen erspielen und dabei Einzelheiten und Zusammenhänge beachten und erkennen

*Material:* keines

*Ausgangssituation*

Als alle Gegenstände und Möbel in der neuen Wohnung platziert sind, muss man leider feststellen, dass durch den Umzug einige Dinge aus ihrer Ordnung geraten sind. Sie funktionieren nicht mehr oder nicht mehr richtig und müssen repariert werden.

*Spielverlauf*

Die Glühbirne der Lampe ist kaputt. Kein Problem: die Birne wird herausgedreht und durch eine neue ersetzt. Die Uhr tickt unregelmäßig und der Wecker klingelt zu unerwarteter Zeit. Der Ball ist ganz eingeschrumpft, weil ihm die Luft ausgegangen ist. Kein Problem: mit einer Pumpe blasen wir ihm neue Luft ein und er wird wieder rund und prall wie zuvor - vorausgesetzt er hat kein Loch. Das müsste man flicken. Und was machen wir mit der klemmenden Schranktür? Wie bringt man die wieder in Ordnung?

Sollte dann auch noch der Wasserhahn tropfen und dicke Rauchschwaden aus der Küche kommen, weil das Ofenrohr defekt ist, so holt man am besten einen

Fachmann. Hoffentlich funktioniert wenigstens das Telefon, um einen Handwerker anzurufen?!

*Variation: Furios-kurioses Durcheinander*

Manchmal geht es nicht mit rechten Dingen zu. Alles spielt verrückt - wegen des Umzuges! Da tickt die Stehlampe, das Telefon blinkt, aus dem Herd kommen die Nachrichten (oder Wettervorhersage), im Schrank klingelt es ....

## Wenn's stürmt, wackelt oder brennt

### Zuordnungs- und Bewegungsspiel

*Anmerkung:* logisches Bedenken von Konsequenzen (wenn es regnet, dann ...)

*Material:* mehrere rote Tücher (für den Brandstifter)

*Ausgangssituation*

Kaum hat der Bewohner/die Bewohner seine (inzwischen voll eingerichtete) Wohnung verlassen, kommt es zu allerlei Ereignissen, die auch schwerwiegende Folgen haben können.

*Wir probieren*

Einmal bleibt die Wohnungstür offen stehen und ein heftiger Wind weht durch alle Räume, so dass sich die Vorhänge am Fenster blähen, der Ball herumkullert ... Welche weiteren Gegenstände werden bewegt und welche bringt so schnell kein Wind in Bewegung?

Was passiert mit den verschiedenen Gegenständen und Möbeln, wenn sie von einer Erschütterung heimgesucht werden? Hoffentlich bleiben die Gläser und Tassen im Schrank heil. Wenn jedoch die Vase oder Stehlampe nach einigem Wackeln umkippt, gibt es Scherben bzw. eine zersprungene Glühbirne. Bitte Vorsicht beim Wegräumen!

Hoffnungslos ist die Lage, wenn ein Brandstifter mit seinem „Feuertüchern" ins Haus kommt und damit eine Sache nach der anderen in Brand setzt: wer „entzündet" wird, bekommt ein rotes Tuch übergeworfen und mit den Händen spielen die Gegenstandsdarsteller die züngelnden Flammen. Dabei knistert es (die Spieler machen die entsprechenden

Geräusche) und allmählich verbrennen die Sachen (langsam in sich zusammensinken) bis nur noch ein Häufchen Asche übrig bleibt. Was für eine erschreckende Überraschung, wenn der Mieter nach Hause kommt!

*Weiterführende Aktion: Brandstifter gesucht*

Sollte es noch brennen, ruft der Mieter am besten die Feuerwehr zum Löschen. Danach wird die „Asche" zu einem großen Haufen in einer Ecke „zusammengekehrt". Die Polizei wird benachrichtigt und macht sich auf die Suche nach Indizien. Dabei stößt sie auf die Feuertücher. Aha! Jetzt heißt es den Brandstifter zu suchen. Alle Spieler - außer dem Brandstifter - verlassen für einen Moment den Raum, damit der Brandstifter seinen verräterischen Feuertücher verstecken kann. Mal sehen, wer sie zuerst entdeckt!

Und was passiert mit dem Brandstifter? Ist er schon über alle Berge?

*Weiterführende Themen*

- Feuerwehr

- Feuerschutz: Was können wir tun, um uns vor Feuer und Brand zu schützen?

- Fluch & Segen des Feuers

Und jetzt ....

## ... **viel Spaß!**

beim Ausprobieren und spielerischen Entdecken
neuer, unbekannter fantastischer Welten


„Der Mensch ist nur da ganz Mensch,
wo er spielt."

*Friedrich Schiller*

# Sylvia Schopf

Schauspielerin, Theaterpädagogin, Autorin studierte Erziehungswissenschaften, Kunst, Theologie und Schauspiel, war Mitbegründerin und Leiterin einer freien Theatergruppe, schreibt Bücher für Kinder und Erwachsene sowie Geschichten und Features für den Hörfunk.

Ihre vielfältigen Erfahrungen mit theaterpädagogischen Projekten und Workshops im Kindergarten, der Schule und Freizeiteinrichtungen hat sie in mehreren Praxisbüchern sowie in Fachzeitschriften publiziert. In Praxisseminaren vermittelt sie Methoden zum kreativen und spielerischen Umgang mit Sprache & Theater.

Mit interaktiven Erzähl-Programmen, Mit-Mach-Lesungen und Hör.Schau.Spielen zu ihren Büchern ist sie im deutschsprachigen Raum unterwegs.

Mehr Informationen: **www.krickkrack-theater.de**

# Bilderbücher von SYLVIA SCHOPF

*für Kinder ab 5 Jahren*

**Marie hat jetzt Stachel-zöpfe – Von Europa nach Afrika und zurück**
Umdrehbilderbuch von Sylvia Schopf /Illu. :Susanne Smajic, vierfarbig illustriert, mit Sachinfos und Land-karten, Annette Betz Verlag, Wien, 48 Seiten, € 12,95,

*ab 4 Jahren*

**Mit dem spielen wir nicht!**
Von Sylvia Schopf
Illu.: Manfred Tophoven
Annette Betz Verlag, Wien, 32 Seiten, 12,95 €

Eine einfühlsam erzählte Geschichte mit Hinweisen und Tipps für Eltern und Erzieherinnen

**Weitere Bücher unter: www.sylvia-schopf.de**

# EDITION GEGENWIND

Unter dem Label **Edition Gegenwind** erscheinen seit 2010 vor allem Neuausgaben früher veröffentlichter Bücher, aber auch Originalausgaben anerkannter Autoren und Illustratoren im Book-on-Demand-Verfahren als gedruckte Buchausgabe oder/und E-Book. Ihre Herstellung erfolgt über Self-Publishing-Plattformen wie **Books on Demand**, **CreateSpace**, **epubli** und **neobooks**.

Bislang sind in der **Edition Gegenwind** 40 Titel in den Reihen **Kinderbuch**, **Jugendbuch**, **Belletristik** und **Sachbuch** erschienen:

**BELLETRISTIK:**
**Gabriele Beyerlein**
• Die Göttin im Stein. Steinzeit-Roman. 2013
• In Berlin vielleicht. Historischer Roman. 2013
• Berlin, Bülowstraße 80 a. Historischer Roman. 2014
• Es war in Berlin. Historischer Roman. 2015
**Dagmar Chidolue**
• Sugar. Ab 12 Jahren. 2015
**Thomas Fuchs**
• Malcolm Das Lächeln Afrikas. Roman. 2012
• Bj. 66, männlich, renovierungsbedürftig, Roman, 2013
• Eine unglaubliche Geschichte. Roman. 2013
**Ulrich Karger**
• Verquer. Roman-Collage. 2013
• Vom Uhrsprung und anderen Merkwürdigkeiten. Moderne Märchen und Parabeln. 2010, 2015
**Manfred Schlüter**
• Das Perpezudum oder Wie der alte Morawitz das Perpetuum mobile erfand. Erzählung. 2013

**KINDER- UND JUGENDBUCH:**
**Gabriele Beyerlein**
• Bea am anderen Ende der Welt. Ab 8 Jahren. Illus.: Iris Hardt. 2012
• Ilo und die Keltenfürsten. Ab 8 Jahren. Illus.: Tilman Michalski. 2012
• Lara und das Geheimnis der Mühle. Ab 6. Illus.: S. Smajic. 2011
• Der schwarze Mond. Ab 11 Jahren. Fantasy-Roman. 2013
• Die Kette der Dragomira. Ab 12 Jahren. 2015
**Dagmar Chidolue**
• Sugar. Ab 12 Jahren. 2015

**Thomas Fuchs**
- Neles Block. Ab 5 Jahren. Mit Illustrationen zum Weitermalen. 2014
- Drei Freunde und der schwarze Hund. Ab 8. Illu.: Imke Sönnichsen. 2014
- Wanted! – Plötzlich gesetzlos. Ab 10 Jahren. Jugendroman. 2013
- Nullnummer. Ab 11 Jahren. Jugendroman. 2013
- Unter Freunden. Ab 12 Jahren. Jugendroman. 2014
- Das Leben ist ein Fahrrad. Ab 13 Jahren. Jugendroman. 2013
- Falsche Zeit, falscher Ort. Ab 13 Jahren. Jugendroman. 2014

**Uschi Flacke**
- *(In Planung)*. Jugendroman. 2015

**Ulrich Karger**
- Dicke Luft in Halbundhalb. Ab 5 J. Illus.: Hans-Günther Döring. 2011

**Sylvia Schopf**
- Peppi Pepperoni. Ab 6 Jahren. Illus.: Susanne Schwandt. 2015
- MALINCHE Prinzessin der Azteken. Ab 10 Jahren, 2015

**Manfred Schlüter**
- SimsalaSurium. Ab 5 Jahren. Illus.: Manfred Schlüter. 2014
- SINA und das Kaff am Ende der Welt. Ab 12 J. Illus.: Manfred Schlüter. 2013

**Pete Smith:**
- Mein Freund Jeremias. Ab 8 J. Illus.: Hans-Jürgen Feldhaus. 2015
- Tausche Giraffe gegen Freund. Ab 8 J. Illus.: Rooobert Bayer. 2015
- Das Geheimnis von Schloss Gramsee. Ab 10 Jahren. 2015

**Christa Zeuch:**
- Der Frosch hat einen Frosch im Hals. Ab 6 J. Illus.: Gabriele Elsler. 2013
- Mein Zauberschloss hat viele Türen. Ab 6 J. Illus.: Christa Zeuch. 2014
- Affenkopp liebt Zottelbär. Ab 6 Jahren. Illus.: Christa Zeuch. 2015
- Warwar und der Feuervogel. Ab 8 Jahren. Illus.: Gabriele Elsler. 2014
- Die Augen der Kukurill. Ab 8 Jahren. 2015
- Prinz MeMo. Illus.: Christa Zeuch. Ab 9 Jahren. 2013
- Moonskaters Traum vom Fliegen. Ab 12 Jahren. 2013

**Beyerlein, Fuchs, Karger (Hrsg.), Schlüter, Zeuch**
- Bücherwurm trifft Leseratte. Ab 5 Jn. Illus.: Manfred Schlüter. 2013

Aktuelle und ausführliche Informationen
zum Programm der Edition Gegenwind
finden Sie im Internet unter:
**www.edition-gegenwind.de.vu**